Rafik Schami
Damals dort und heute hier

HERDER / SPEKTRUM
Band 4609

Das Buch
Seine Erzählkunst, die manche orientalisch nennen, machte ihn berühmt. Durch sie hat er Kindern und erwachsenen Literaturfreunden eine vertraute, fremde Welt erschlossen. Schami heißt eigentlich: „Der aus Damaskus". Rafik heißt Freund, Kamerad. Nachdem er als engagierter junger Mann dem System zum Gegner wurde und außer Landes gehen mußte, wurde er zum weltweit bekanntesten Dichter Syriens. Er flüchtete vor der Zensur, um seine Seele zu retten, wanderte aus, in die Fremde, um in Deutschland Wurzeln zu schlagen. Seine Erfahrung: Beim Eintritt in ein fremdes Land bekommt der Fremde einen Spiegel auf die Stirn geklebt, in dem sich die ansehen, die vorübergehen. Die einen sehen hinein, um sich selber zurechtzumachen, und gehen ungerührt weiter. Andere sehen darin all das Häßliche an sich selber und hassen den Träger des Spiegels. Im Gespräch mit Erich Jooß erzählt Schami von seiner eigenen Erfahrung mit dem Fremdsein und vom Reichtum des „anderen". Aber auch von seinen Einsichten im Dialog zwischen den Kulturen, er nimmt engagiert und deutlich Stellung zur Fremdenfeindlichkeit, entwickelt seine zum Teil sehr humorvolle Vision vom Miteinanderleben.

Der Autor
Rafik Schami, geb. 1946 in Damaskus, zog 1971 in die BRD, studierte Chemie, promovierte und arbeitete in der Industrie. Seit 1982 ist er freier Schriftsteller. Sein Werk wurde in 19 Sprachen übersetzt. Sein literarisches Schaffen wurde mit zahlreichen Preisen ausgezeichnet. Werkauswahl: Märchen aus Malula, Erzähler der Nacht, Die Sehnsucht fährt schwarz, Der Fliegenmelker, Gesammelte Olivenkerne. Aus dem Tagebuch der Fremde. Bei Herder/Spektrum: Zeiten des Erzählens (4259).

Der Herausgeber
Erich Jooß, Dr. phil., Direktor des St. Michaelsbundes, Autor und Herausgeber zahlreicher Bücher. Bei Herder/Spektrum u.a. Herausgabe eines Schami-Geschichtenbuches (4259) und einer Weihnachtsgeschichten-Anthologie (4389).

Rafik Schami

Damals dort und heute hier

Über Fremdsein

Herausgegeben von Erich Jooß

Herder
Freiburg · Basel · Wien

Gedruckt auf umweltfreundlichem,
chlorfrei gebleichtem Papier

Originalausgabe

Alle Rechte vorbehalten – Printed in Germany
© Verlag Herder Freiburg im Breisgau 1998
Satz: Fotosetzerei G. Scheydecker, Freiburg im Breisgau
Herstellung: Freiburger Graphische Betriebe 1998
Umschlaggestaltung: Joseph Pölzelbauer
Umschlagfoto: Klaus Weddig Photographie
ISBN 3-451-04609-1

Inhalt

1. Familie, Kindheit, Freundschaft 7
2. Damaskus oder Das Zusammenleben in Verschiedenheit 29
3. Fremd in der Gesellschaft 37
4. Als Araber in Deutschland 55
5. Literatur und Wahrheit 73
6. Das Böse und die Heiterkeit 80
7. Der offene Garten der Literatur 84
8. Das Elend der Rechtschreibreform 94
9. Die alte neue Erzählkunst 101
10. Vom Schreiben und von den Büchern 124
11. Ein kleiner Basilikumtopf 160
12. Ängste, Träume, Hoffnungen 169

Am Rande notiert
  Nachwort von Erich Jooß 175
Biographie Rafik Schami 179
Beiträge, Reden und Interviews (Auswahl) 182

1.
Familie, Kindheit, Freundschaft

Welche Person hat Ihr Leben am meisten beeinflußt?

Wenn Einfluß im Sinne der Formung gemeint ist, dann war das mit Sicherheit meine Mutter. Sie war Analphabetin, aber sehr weise, und vor allem liebte sie neben uns Kindern die Siesta und das Lachen.

Und taucht sie in Ihren Geschichten auf?

Nein, das ist unmöglich. Alle Figuren der Frauen haben etwas von meiner Mutter, aber keine einzige hat alles, auch da nicht, wo ein Ich-Erzähler von seiner Mutter erzählt, etwa in *Eine Hand voller Sterne* oder in *Reise zwischen Nacht und Morgen* oder *Milad*.

Wie war Ihre Beziehung zu Ihren Eltern?

Zu meinem Vater hatte ich als Kind ein von Angst nicht ganz freies Verhältnis. Ich muß heute sagen, er blieb mir etwas fremd, deshalb tauchen Väter in all meinen Geschichten nur selten auf.

Es ist seltsam, ich weiß heute, daß ich mich ihm damals am nächsten empfand, wenn er Angst hatte, und er hatte nicht selten Angst, so etwa, als man ihn 1960 verhaftet und gefoltert hat. Er kehrte zurück und hatte den Tod in den berüchtigten Kellern des Geheimdienstes gesehen. Man spielte sadistisch mit ihm. Man zielte mit der Pistole auf seinen Kopf, drehte das

Radio laut, verband ihm die Augen und schoß mit Platzpatronen, und mein armer Vater fiel in Ohnmacht.

Haben Sie eine Erklärung für diesen Sadismus?

Ich war damals vierzehn und verstand nur so viel, daß die Regierung Nassers, die Syrien damals mit Terror verwaltete, auf die höfliche Bitte der Bäcker nach besserem Einkommen und einer humaneren Arbeitszeit nicht reagierte. Als der Bäckerverband bei der Verhandlung dann einen Streik andeutete, ließen die feigen Schergen der Macht mehrere Bäcker verhaften und warfen ihnen vor, sie seien von Israel bezahlt, um Chaos und Engpässe in der Versorgung anzuzetteln und so einen Volksaufstand herbeizuführen. Man muß sagen, die Folterer litten zu keiner Zeit an Phantasiemangel, sondern unter allen Diktaturen an chronischer Armut in ihrer Beziehung zur Wirklichkeit. Die Arbeit in der Bäckerei ist in Damaskus die Hölle auf Erden *(Eine Hand voller Sterne)*. Die Bäcker arbeiten zwölf Stunden täglich, sieben Tage die Woche und haben keinen Tag Urlaub im Jahr. Mein Vater war im Vorstand des Bäckerverbandes und sehr angesehen im christlichen Viertel, also mußte er eingeschüchtert werden, sozusagen als Exempel. Das hat auch gewirkt, die Bäcker unterließen jeden Widerstand.

Auch als ich für eine kurze Zeit an einer gefährlichen, eitrigen Meningitis erkrankte, war mein Vater sehr ängstlich und völlig durcheinander. Er holte mich ab und brachte mich ins berühmte Krankenhaus „Hotél-Dieu", und der Arzt sagte ihm die Wahrheit. Ich wurde sofort auf die Intensivstation gebracht und dämmerte unter hoher Dosis von Antibiotika über eine Woche vor mich hin, und dann war die Gefahr vorüber. Als ich zwei Wochen später das Krankenhaus verließ, ging mein Vater an meiner Seite und war erleichtert. Er wußte nicht, wie er mich auf dem Weg vom Krankenhaus nach Hause noch glücklich machen sollte. Plötzlich fing er an zu singen. Ich hörte meinen Vater nie wieder in meinem Leben so fröhlich singen. Er besang das Leben, das Meer und den Honig. Dann sagte er plötzlich: „Was hältst du davon, daß wir wie die vornehmen Leute erst einmal Pferderennen sehen und dann anschließend in einem Erst-Klasse-Lokal essen?"

Ich schaute ihn an. Er war am Weinen.

Wir besuchten ein Pferderennen und gingen in ein sehr teures Lokal essen. „Du bist ein Prinz", sagte er und lachte, „und ich bin nur dein Leibwächter", fügte er hinzu, und wir lachten, und ob Sie es glauben oder nicht: Ich war wie verzaubert und fühlte mich wie ein Prinz. Und das Lokal ist in meiner Erinnerung traumhaft schön.

Aber bald wurde ich gesund, und er wurde wieder distanzierter und unerreichbar wie ehedem. Deshalb sagte ich, ich kenne ihn wenig.

Erst in den späteren Jahren kamen wir uns näher, und er zeigte großen Respekt vor meinen Leistungen. Am Ende gab es so etwas wie Liebe aus der Ferne. Wenn ich mit ihm telefoniert habe und er dann ein paar Worte mit meinem kleinen Sohn gesprochen hat und der mir danach den Hörer gab, war er sehr bewegt. Wir schwiegen am Telefon. Da war er mir sehr nahe, und ich wünschte ihn zu sehen, aber das wurde mir seitens der syrischen Behörden nicht gegönnt.

Zu meiner Mutter war das Verhältnis eine tiefe Liebe zwischen zwei treuen Freunden. Ich war als Kind oft krank, manchmal schwer, und ich wußte das. Das Krankenhaus gab mich sogar einmal auf, doch meine Mutter nicht. Und von diesen Tagen an wußte ich, daß sie mich nie fallenlassen würde, nie verraten oder beim Vater petzen würde. Nie! Und es war manchmal nicht einfach. Auch als es später zum größten Konflikt zwischen mir und meinem Vater kam wegen meiner Tätigkeit im Untergrund, die er herausbekommen hat, stellte sie sich zu mir.

Nicht daß meine Mutter mir etwas durchgehen ließ, was sie für nicht richtig hielt. Sie war insofern eine strenge Christin, doch ihr Tadel oder ihre Strafe waren in derselben Sekunde mit einer Verbundenheit gekoppelt, daß ich mitten in der Scham, Trauer oder Schmerz nie einsam war, denn sie war da und ließ immer eine Tür zu ihrem Herzen offen.

Das ist es auch, was ich meinem Sohn weitergeben möchte.

Wie waren Sie als Kind?

Ich war oft krank. Ich wurde von fast allen Krankheiten der Dritten Welt heimgesucht, von Blutarmut über Lungenentzündung, Vergiftung, gefährliche Stiche irgendwelcher Insekten, eitrige Meningitis und alle möglichen Epidemien, die mein Land heimsuchten. Daher war ich später sportlich nie besonders begabt. Ich spielte gerne Tischtennis und Basketball, war jedoch unter dem Durchschnitt.

Ich war eher ruhig und nachdenklich, mochte von Kind auf in Büchern herumblättern und den Erzählrunden der Frauen im Innenhof lauschen, und ich erzählte viel und ziemlich früh. Ich liebte diese kleine Welt des christlichen Viertels.

Viele Ihrer Erzählungen spielen auf der Gasse in der Altstadt. Warum wählen Sie bevorzugt diesen Schauplatz?

Die Gasse hatte damals eine große Bedeutung, die den Kindern heute fremd ist. Es gab zu meiner Kindheit weder Fernsehen noch elektronische Spiele. Die Gasse war unser Kindergarten. Unsere Eltern hatten kaum Ahnung, was wir da trieben. Es gab Spielregeln, Moral, Erziehung, Sport, Erzählen, Umgangsübungen und einen Ehrenkodex gegen Verrat. Und hatte ich im Sportlichen nicht so viel geleistet, so hatte meine Zunge ihre härteste Prüfung nicht auf der Bühne in einer Stadthalle mit 900 Zuhörern, sondern dort auf der Gasse, wo ich beim Erzählen drei, vier Störteufel verführerisch in Schach halten und zugleich die Atmosphäre meiner Geschichte retten mußte. Härter als meine Gasse war noch keine Umgebung für mich, um eine Geschichte zu erzählen.

Sie haben vorhin von den „Erzählrunden der Frauen im Innenhof" berichtet. Wie müssen wir uns diese Erzählrunden vorstellen? Sind Sie dabei auch als Geschichtenerzähler aufgetreten?

Alle Häuser meines Viertels haben die klassische Aufteilung der arabischen Häuser: nach außen bescheiden, fast verschlossen; nach innen alle Schönheit entfaltend. Anders als die Europäer leben die Araber zum Inneren des Hauses gewandt und verbergen eher die Schönheit ihrer Häuser vor den Augen der Neugierigen (darüber schrieb ich ausführlich in *Reise zwischen Nacht und Morgen*). Alle Häuser haben einen kleinen oder großen Innenhof mit Pflanzen, Bäumen, oft auch Springbrunnen, und da saßen die Nachbarinnen beim Essenvorbereiten oder beim Nachmittagskaffee und erzählten, und ich liebte diese Atmosphäre der Gelassenheit und der Stimmen. Ich war sehr neugierig und hörte gierig zu. Natürlich ermunterten die Frauen uns Kinder zu erzählen und nahmen die Geschichten ernst, doch erzählt habe ich selten hier, weil ich zu schüchtern war, vor solchen Majestäten meine mickrigen Geschichten zum besten zu geben. Ich habe auf der Gasse erzählt, und das ziemlich gut vorbereitet und später in der Klasse, und so ging es weiter.

Welche Rolle spielte die Schule in Ihrer Kindheit? Sie haben davon schon manches in früheren Veröffentlichungen berichtet, so daß ich die Frage etwas zuspitzen möchte: Sind Ihnen Lehrer begegnet, von denen Sie – positiv wie negativ – geprägt wurden?

Die Schule spielte eine große Rolle. Sie war meine Rettung. Da ich gut war, bekam ich Anerkennung, und da die Schule selbst eine der vier Eliteschulen von Damaskus war, bedeutete das viel für meine Eltern, wenn der Leiter ihnen persönlich gratulierte. Der langjährige Leiter der Schule ist heute der katholische Bischof von Damaskus. Meine Lehrer in Chemie, Physik, Mathematik und Sprache gehörten in Damaskus zu den Berühmtheiten der Wissenschaft.

Positiv war hier eine für Arabien ungewöhnliche Nüchternheit und Modernität des Unterrichts. Wir verfügten schon damals, in den fünfziger Jahren, über ein gut ausgestattetes Chemielabor, über das die höheren Schulen in Damaskus heute noch nicht verfügen. Und die Lehrer waren uns gegenüber offen, sogar privat. Wir besuchten sie und sprachen mit ihnen über Literatur und Wissenschaft und später auch über Philosophie. Insofern war das eine ungewöhnliche Lehrerschaft.

Einige gräßliche Menschen gab es trotzdem darunter, hysterische Militärausbilder, denn bald wurden die Schulen militarisiert. Da wurde der Unterricht langweilig und unbeliebt.

Sie waren zwei Jahre lang in einem Kloster. Wollten Sie Priester werden?

Ob ich wollte? Ich kann diese Frage heute nicht mehr genau beantworten. Mein Vater wünschte sich schon, daß einer seiner Söhne Pfarrer würde. Bei meinem älteren Bruder Mtanios (Antonius) scheiterte es an dessen Unbändigkeit. Der Orden der Weißen Väter („Pères Blancs") schickte ihn nach einem Jahr zurück.

Mich schickte mein Vater in das Kloster des Erlösers südlich von Beirut im Libanon. Dieses Kloster hatte einen guten Ruf und eine enge Beziehung zu Malula, meinem Dorf. Einige Pfarrer und Bischöfe aus Malula wurden in diesem Kloster ausgebildet.

Aber auch mich faszinierte die Idee, in ein vornehmes Internat zu gehen und der Enge der Familie zu entfliehen. Deshalb kann ich nicht genau sagen, ob das nicht auch mein Wille war. Ich weiß aber, daß es das erste Mal in meinem Leben war, daß ich das Meer sah. Der Anblick des Meeres hat mich mit Begeisterung erfüllt. Die Liebe zur Küste ist bis heute geblieben.

Ich fühlte mich im Kloster aber bald sehr einsam, und oft weinte ich heimlich.

Zwei Jahre später wurde ich sehr schwer krank (eitrige Meningitis), und der zufällige Besuch meines Vaters rettete mein Leben.

In diesem Kloster entdeckte ich jedoch meine Liebe zu Büchern und las wie besessen. Ich spielte kaum draußen und hockte immer in der Bibliothek, manchmal bis zu zehn Stunden. Und das Schönste dabei war, die Patres erlaubten das.

Welches Verhältnis hatten Sie zu Ihren Mitschülern?

Kein sonderlich gutes. Im Kloster gehörte ich zu den „Syrern", und die Mehrheit der Schüler waren Libanesen, und sie lachten uns aus. Allein durch den ähnlichen Klang der Wörter Souri (arabisch: Syrer) und Souris (französisch: Maus) nervte eine Mehrheit aus über hundert Klosterschülern uns etwa zehn Syrer bei jeder Gelegenheit.

In Damaskus hingegen hatte ich eine ausgezeichnete Beziehung zu meiner Schulklasse. Ein harter Kern von etwa zwanzig Schülern blieb – abgesehen von meiner zweijährigen Abwesenheit – vom ersten bis zum letzten Jahr zusammen.

Ich wußte lange nicht, wie beliebt ich bei den Mitschülern war. Ich war schüchtern und eher geneigt zu glauben, daß man mich nicht mochte, weil ich nie eine Party feiern konnte und nie Geld hatte und keine besonders modischen Kleider oder sportliche Kraftakte vorweisen konnte. Doch einmal hat mich das Leben belehrt, nicht zu schnell über die Herzen der Menschen zu urteilen. Mich beeindruckte die Verbundenheit meiner Mitschüler so gewaltig, daß ich bis heute den Zusammenhalt der Schwachen als einzige Rettung vor dem Unrecht und der Übermacht eines Herrschers sehe.

Was ist damals geschehen, und wie haben Sie das Geschehen erlebt?

Es fing mit einem Mißverständnis an. Eine absurde Auseinandersetzung brach eines Tages zwischen dem neuen Religionslehrer, einem jungen Theologen, und meinem Kindheitsfreund aus, der heute in Amerika als Goldschmied lebt. Als ich versuchte zu vermitteln, wurde ich von dem wütenden Theologen beschuldigt, dem Freund die verletzenden Formulierungen beigebracht zu haben. Der Präfekt, der selbst neu an der Schule war, hatte Anfangsschwierigkeiten, deshalb wollte er an mir ein Exempel statuieren. Er bestrafte mich vorschnell mit einer Woche Ausschluß vom Unterricht. Das war damals eine sehr harte Strafe.

Ich war geschockt. Der erfahrene Direktor der Schule war in Rom, und die Vermittlung der anderen Lehrer scheiterte. Ich ging nach Hause und erzählte nur meiner Mutter davon, und sie ging eilig in die Schule und bettelte um Verzeihung, doch der Präfekt war ein Frauenhasser. Er schickte sie mit den Worten nach Hause, sie solle froh sein, daß ich überhaupt noch in die Schule kommen dürfte. Und das ein Jahr vor dem Abitur.

Das schlimme war, die Unterstellung war ungerecht. Ich hätte das gerne heute im nachhinein anders erzählt. Aber die Wahrheit war: Ich wollte wirklich nur vermitteln und mahnte beide Seiten zur Mäßigung ihrer Ausdrücke. Das hat wahrscheinlich sowohl den Theologen als auch den Präfekten tief beleidigt.

Und plötzlich brach ein Aufstand der Schüler aus, an dem sich fast alle Oberschüler beteiligten. Den harten Kern bildete meine Klasse. Ich erfuhr es am frühen Morgen und bekam einen großen Schrecken, weil der Präfekt meiner Mutter unter anderem sagte, ich leite aus dem Hintergrund eine Schülermafia. Es war absurd, aber nun, so dachte ich in meiner Angst, nun wird sich der Präfekt bestätigt fühlen.

Ein Freund kam zu mir und sagte, sie stünden auf der Straße und hielten Passanten an und erzählten ihnen vom Unrecht und daß sie nicht ohne mich in die Klasse gehen würden. Ich hatte fürchterliche Angst, nun von der obersten Leitung der Schule eine noch härtere Strafe zu bekommen, wegen Rufschädigung und Aufruhr. Und wenn ich von der Schule geflogen wäre, wäre ich in der Bäckerei gelandet.

„Dann sollen sie uns alle rausschmeißen!" riefen viele und gaben mir Mut. Die Leitung der Schule war schockiert, auch die Lehrerschaft. Ein Kompromiß war nicht mehr möglich. Nur einer konnte siegen: Schüler oder Präfekt. Der Nervenkrieg dauerte drei Tage, und meine Freunde haben gesiegt. Der Präfekt hielt den Streik nicht mehr aus. Viele Familien protestierten, und nach ein paar Tagen sollte der Schuldirektor aus Rom kommen. Plötzlich schickte der Präfekt den Pförtner zu mir. Der kam auf seinem Rad und teilte mir mündlich mit, daß ich in die Schule zurückgehen dürfte. Die Schüler bestanden aber auf dem Ausradieren des Vermerks aus meinen Schulakten, und er wurde auch tatsächlich getilgt. Ich bin dann mitten in einem friedlichen und leisen Zug in die Schule gegangen. Ich bestand darauf, daß wir den besiegten Präfekten mit keiner Geste und keinem Wort beleidigten. Das wäre menschlich verwerflich – und für mich womöglich gefährlich gewesen.

Daß meine Mitschüler an meiner Seite in den Unterricht gingen, das hat mich tief bewegt. Eine solche Liebeserklärung vergißt man nicht.

Erzählen Sie ein wenig von Malula, Ihrem Dorf. Wann haben Sie dort gelebt?

Ich bin in Damaskus geboren, und Malula blieb für mich ein exotisches Dorf. Ich fühlte mich lange Zeit als Damaszener Kind. Erst in den späteren Jahren habe ich dann Liebe und Achtung vor dem Dorf und seinen Bewohnern entwickelt.

Aber als Kind sah ich Malula nur in den Sommerferien, wenn wir der Hitze in Damaskus in die kühlen Berge entflohen. Malula hat aber eine einmalige Natur. Es gibt Felsen, Schluchten und kuriose Höhlen. Damaskus wird man mit dem

Wort „schön" gerecht. Malula dagegen machte auf mich keinen schönen, sondern einen gewaltigen Eindruck. Es ist wie ein Traum aus einer anderen Welt. Hier lernte ich früh reiten, und das Reiten wurde zeitweise zu einer richtigen Leidenschaft. In Malula lernte ich aber noch mehr: die Kunst des Jagens zum Beispiel. Oder den Umgang mit dem Alleinsein. Auf meinen langen, einsamen Märschen und Ritten erfand ich zu meinem Vergnügen Gedichte zum Lachen.

Die Malulianer sind Bergleute, eher schweigsam und spröde, doch von unendlicher Güte. Mein Nachbar, der alte David Tangar, verkörperte für mich Malula. Er sprach wenig, und das wenige öffnete mir sein Herz und Haus. Übrigens stand er für Valentin *(Reise zwischen Nacht und Morgen)* in einer Eigenschaft Pate. Er heiratete im hohen Alter eine über dreißig Jahre jüngere Frau, die meiner Mutter beste Freundin wurde. Diesen Nachbarn könnte man als Vorläufer der europäischen Grünen betrachten. Er hat mir, bereits in den sechziger Jahren, alles vorausgesagt, was wir heute an Umweltzerstörung erleben. Er war Analphabet, doch weise wie ein Philosoph. Malula hat er selten verlassen, denn er konnte den Lärm und die Geschwindigkeit der Städte nicht ertragen.

Ich lebte in einer Welt verschiedener Konfessionen und Sprachen. Ich gehörte der christlichen Minderheit in Syrien an, und in dieser Minderheit gehörte ich zur Minderheit der Aramäer. Das waren die Pole meiner Welt.

Darf ich Sie auch etwas sehr Persönliches fragen, wieder im Rückgriff auf Ihre Kindheit? Was hat es für Sie bedeutet, als aramäischer Christ aufzuwachsen? Auf welche Weise wurde der Glaube in Ihrer Familie gelebt, oder gab es nur einen festen Traditionszusammenhang ohne tiefere Bindung?

Im Orient fand die nationale Differenzierung der Völker sehr spät und eher in Nachahmung der europäischen Entwicklung statt. Sie ist bis heute nicht ganz vollzogen, und nicht selten folgten die Grenzen einer Nation weniger dem Bewußtsein der Zusammengehörigkeit ihrer Angehörigen als dem Reißbrett der Kolonialmächte. Die Zugehörigkeit eines Arabers zu seiner Familie, Sippe und Religion bestimmt seine Identität eher als seine Verbundenheit mit einer Nation. Die Zugehörigkeit zu einer Religion bestimmte nicht nur die Art der Rituale, sondern den Alltag als Ganzes. Aramäischer Christ zu sein bedeutet, ein Bewußtsein zu haben, das nicht von Stolz, sondern von Vorsicht und Ruhe gegenüber den Zeitläuften geprägt ist. Ein uraltes Volk, das vor Tausenden von Jahren den Orient beherrschte und heute in kleinen Minderheiten lebt. Es spricht die Sprache Christi und trägt seinen Glauben durch die Jahrtausende. Diese religiöse Zugehörigkeit beeinflußt Essen, Trinken, Fasten, Feiern, Trauern, Liebe, Gesang und Dichtung, Haltung zum Frieden und zum Krieg. Genauso ist es bei Juden, Muslimen, Baha'i, Drusen, Yeziden und anderen.

Andererseits ist Syrien voll von heiligen Orten aller Religionen. Ich spielte in Damaskus auf der Gasse, an deren Ende Paulus über die Mauer geflüchtet war. Zwei Gassen weiter liegt die kleine Kirche des Hananias, wo einst die Augen des Paulus nach seinem Damaskus-Erlebnis geheilt wurden. Wieder ein paar hundert Meter weiter gibt es eine Reihe von Moscheen und Gräbern, die mit großen Persönlichkeiten der politischen und religiösen Geschichte verbunden sind. Nicht weit von uns liegt die Omaijadenmoschee, die eine kuriose Geschichte hat. Nicht nur blieb sie lange Jahre nach der Eroberung gemeinsamer Gebetsort für Muslime und Christen, sondern hier wurde das erste Minarett errichtet, das in den islamischen Legenden eine große Rolle spielt. In der Nähe der Moschee liegt der legendäre Salah Eddin (Saladin) begraben usw.

In Malula, dem aramäischen Dorf, aus dem wir stammen, hat die heilige Takla auf der Flucht vor ihrem Vater Schutz gefunden (so die Legende). Im zweiten Kloster des heiligen Sergius (Sarkis) steht einer der ältesten Altäre der Welt. Wo man sich dort auch bewegt, bewegt man sich zwischen Kulissen der Geschichte. Die Steine von Damaskus haben sozusagen Heilsgeschichte als Zeugen miterlebt. Das gibt ihnen nicht nur eine besondere Aura. Das führt auch zu einer tiefen Religiosität – und nicht minder zu einer merkwürdigen obskuren Mischung aus Glaube und Aberglaube. Oder warum sonst konnte gelegentlich Olivenöl aus gewissen Felsen fließen, das tüchtige Nonnen für gutes Geld verkauften, mit dem sie die Renovierung des Klosters weiter vorantrieben?

Ihre große Erzählung Milad *handelt wie viele andere Texte vom Hunger, der sich lebenszerstörend und doch gleichzeitig lebenantreibend auswirkt. Gab es in Ihrer Kindheit solche Hungererfahrungen? Oder erlebten Sie einen gesicherten, beschützten Alltag?*

Mit *Milad* versuche ich inhaltlich neu die Welt zu erkunden, und in der Welt ist dieses Thema akuter denn je. Die schwierigste Aufgabe bei dieser Geschichte war die Stimme. Das Thema verführt dazu, mitleidig und weinerlich zu werden. Ich habe gegen die Weinerlichkeit geschrieben und versucht, bei meinem Freund Milad den Witz zu retten, wo immer er auch steckte. Auch mitten im Gefängnis oder auf dem Friedhof.

Hunger kannte ich als Kind Gott sei Dank nicht, aber ich habe viele Hungrige gesehen. Was ich in diesem Buch erzähle, das lebt zum größten Teil von Hungererlebnissen, die mir mein Großvater väterlicherseits selber in allen Details erzählt hat. Viele haben damals wie Milad gehungert. Es war der Erste Weltkrieg, und deshalb ließ ich die Geschichte in dieser Zeit spielen. Und das Unglaublichste an der Geschichte, was die meisten Leser für ein Märchen halten, ist tatsächlich meinem Großvater passiert. Das mit dem Kauf der wertlosen russischen Rubel in der Hoffnung, der Zar würde die Bolschewiki besiegen. Damit hat ihn der Gauner eingelullt. Eine Kiste Gold tauschte mein Großvater gegen eine noch größere Kiste Rubel.

Was bedeuten Freunde für Sie?

Sehr viel. Wenn die Sprache mein Heim im Exil geworden ist, so sind die Freunde die Wärme in diesem Haus. Ich habe wenige, aber die habe ich sehr gerne.

In der Wahl der Freunde bin ich seit meiner Kindheit sehr vorsichtig. Das hat mit meiner Herkunft als Angehöriger einer Minderheit zu tun. Ich unterhalte mich, arbeite, feiere und trauere gerne mit Menschen, respektiere auch viele und empfinde Zuneigung für einige. Eine Freundschaft fängt bei mir ohne viele Begründungen an, wie eine Pflanze, die ohne viele Fragen aus dem Samen wächst. Diese Freundschaft hat dann unendliche Möglichkeiten vor sich. Sie bleibt auf der ersten Stufe stehen, sie geht weiter, steht irgendwo verloren und wächst bei jeder Begegnung etwas, um dann wieder in einen Winterschlaf zu sinken, wächst stetig und unabhängig von der Häufigkeit des Wiedersehens. Auch gehen einige Freundschaften in Brüche, weil sich die Wege inhaltlich für immer trennen oder weil die Gründe des gemeinsamen Weitergehens erschöpft sind. Freundschaft ist wie das Leben – nichts Selbstverständliches.

Wurden Sie nie von Freunden enttäuscht?

Doch, aber verhältnismäßig selten. Die Ursachen sind sehr komplexer Natur. Öfter wurde ich aber von mir selbst enttäuscht, weil ich zwischen einer Maske und einem Gesicht nicht schnell genug unterscheiden konnte. Das hat vor allem mit meiner Langsamkeit zu tun. Ich brauche fürchterlich lang, bis ich Mißtrauen entwickle. Manchmal zu lang, und das gibt manch einem Opportunisten oder miesen Kerl den Eindruck, ich sei ein freundlicher Dummkopf, und dann treibt er es zu weit und wundert sich, daß ich ihn abrupt hinausschmeiße. In solchen Fällen habe ich aber immer – um mir Zeit, Energie und ein Magengeschwür zu ersparen – dem Rausgeschmissenen die Liste seiner nur absolut sicheren Untaten mitgegeben.

Die erste Liebe – darf ich auch danach fragen? Schließlich treffen die Leserinnen und Leser in Ihren Büchern häufig auf Geschichten von der ersten Liebe, die – wenn ich mich nicht täusche – meistens unglücklich ausgehen.

Ich kenne auch leider keinen Menschen in meiner Umgebung, dessen erste Liebe bis ins Erwachsensein dauerte. Ich höre zwar durchaus, daß es solche glücklichen Fälle gibt, aber ich kenne sie nicht.

Von meiner ersten Liebe habe ich noch nie geschrieben. Nur da und dort tauchen Splitter dieses für mich bewegenden Erlebnisses auf. Es war ein Mädchen, das in der Judengasse wohnte. Sie war wunderschön, feurig und mutig, und ich war ein kleines zittriges Knochengerüst. Doch von Monat zu Monat wuchs sie schneller und immer schneller und überholte mich (in der *Reise zwischen Nacht und Morgen* gibt es im Kapitel über das Hammam eine Andeutung dazu). So wie ich in der Schule das Alphabet der Sprache lernte, lernte ich bei diesem Mädchen das Alphabet der Liebe. Sie war mir meilenweit voraus und brachte mir das Ganze witzig bei. Und dann war ich sehr geknickt, als sie bereits mit fünfzehn einen reichen Araber heiratete, der in Amerika lebte und dreißig Jahre älter als sie war. Im ersten Kapitel von *Milad* machte ich aus ihrem Mann einen alten Kapitän zur See. In Wirklichkeit war er Feuerwerkshersteller.

Meine Mutter, der ich alles von dieser Liebe erzählte, war eine passionierte Hellseherin. Als ich wochenlang geknickt herumhing, tröstete sie mich mit den Wörtern. „Sei doch froh, sie war schön, aber ziemlich dumm, denn einen solchen Mann heiratet keine vernünftige Frau."

Und als ich nach dem Grund fragte, sagte sie: „Ich habe erfahren, daß er in einem Haus über seinem Werk lebt. Da sitzt die Frau mit dem Hintern auf einer Rakete. Nein, das wäre mir zu gefährlich."

Ich faßte das als den hoffnungslosen Trostversuch einer liebenden Mutter auf.

Fünf Jahre später flog die kleine Fabrik in die Luft und riß die Frau, den Mann und ihr gemeinsames Kind in den Tod.

Wie war das Umfeld Ihrer Kindheit? Mich interessieren vor allem die Bedingungen, unter denen Sie heranwuchsen.

Meine Kindheit war ein Ort der Extreme. Ich habe viel Freude und zugleich lähmende Angst und tiefe Traurigkeit erlebt. Oft wünschte ich mir Flügel. Ich beneidete vor allem die Schwalben, die dauernd herumreisen und die Welt von oben sehen.

Die Eingriffe in das Leben der Kinder meiner Generation waren hart und folgten oft mehr der Willkür als der Vernunft. So konnte es geschehen, daß ein hochbegabter Schüler aus der Schule genommen wurde, weil sein Vater unbedingt einen Automechaniker aus ihm machen wollte. Diese Drohung hing auch über unseren Köpfen. Meine zwei älteren Brüder wurden auch Bäcker wie mein Vater. Ich haßte die Bäckerei. Nicht nur die Hitze, sondern auch der grobe Umgang der Arbeiter und der Mehlstaub haben mich abgestoßen; am schlimmsten fand ich es, um vier oder fünf Uhr früh aufzustehen, zwei, drei Stunden in der Bäckerei zu arbeiten und dann mit größter Hetze in die Schule zu rennen. Ich habe die Schule geliebt. Sie war mein Floß, das mich aus diesem scheußlichen Flammenmeer rettete.

Heute finde ich als Kunde Bäckereien schön, aber ich möchte keinen Schritt in den Arbeitsraum machen.

Damals war es ein Horror für mich, wenn mein Vater in einer schlechten Stunde andeutete, daß ich in die Bäckerei gehen sollte. Ich habe im Roman *Eine Hand voller Sterne* davon erzählt.

Heute denke ich: Meine Krankheiten haben mich gerettet, denn bald sagte mein Vater, ich könne da und dort helfen, aber ich sei für die Bäckerei nicht geeignet. Und manchmal denke ich einen Schritt weiter: ob diese schweren Krankheiten nicht der klügste Trick meines Körpers waren, um die Pläne meines hartnäckigen und allmächtigen Vaters zu durchkreuzen. Mit solchen Gedanken kommt man schnell an die Grenze unseres Wissens. Aber Experten für Psychosomatik vermuten oft solche Reaktionen des Körpers auf seelische Fragen.

Meine Kindheit war noch in einer anderen Hinsicht ein Ort der Extreme. Ich bekam viele kuriose Erlebnisse als Geschenk mit auf den Weg zur Schriftstellerei. Ein Nachbar von mir konnte ohne Schaden alles schlucken, Glas, Metall und einmal bei einer Wette sogar einen lebenden Vogel. Auch Magier und Gauner, Spieler und seltsame Gelehrte lebten unter uns. Die Viertel waren ja nicht wie heute: Hier leben Reiche und dort Arme. Sie waren nur aufgeteilt nach der Konfession. Man traf so alle möglichen Christen und Juden in unserer Gegend, unabhängig von ihrem Sozialstatus.

Der Aberglaube meiner Verwandtschaft und Nachbarn erreichte manchmal extreme Grenzen, die ihn wieder sehr sympathisch machten. Eine Nachbarin konnte drei Stunden von den Wundertaten ihrer Schwester erzählen, daß man bald glaubte, sie spreche von gewöhnlichen Verwandten, wenn sie von den Geistern und Teufeln berichtete, die ihre Schwester scheinbar immer wieder aufsuchten, um bei ihr Kaffee zu trinken. Und ein Freund von mir lebte im Kino. Er sah vier Filme am Tag, und bald phantasierte er laut über Spaziergänge mit Marcello (Mastroianni), Abenteuer mit Anthony (Quinn), Küsse von Sophia (Loren), schweigsame Spaziergänge mit Greta (Garbo) und Streiche mit Charly (Chaplin). Er nannte von allen Schauspielern nur die Vornamen als Zeichen seiner Freundschaft mit ihnen.

Meine Kindheit ist mein Reservoir an Bildern. In meinem Gedächtnis schleppe ich einen großen Schrank mit Fotos und

Namen mit mir. Sobald ich Helden und andere Figuren für eine Geschichte brauche, öffne ich den Schrank, und bald habe ich sie.

In Ihrem Roman Reise zwischen Nacht und Morgen *beschreiben Sie den Gang in das Hammam, in das öffentliche Bad, als Sie noch sehr jung waren und die Frauen begleitet haben. Dann kam der Augenblick, wo Ihre Mutter Sie nicht mehr mitnehmen wollte und durfte. Das beschreiben Sie fast melancholisch. Ist diese Szene autobiographisch?*

Ja, ganz und gar. In jenen Augenblicken wußte ich, wie elend sich Adam bei der Vertreibung aus dem Paradies gefühlt haben mußte, und ich habe lange allein im Hof unseres Hauses geweint. Dieser Hammamgang am Frauentag, der nur kleinen Buben erlaubt ist und ab dem Augenblick tabu wird, wenn der Blick eines Jungen nicht mehr leicht und arglos wie der Flug eines Spatzen ist, sondern mit Gedanken beladen schwerfällig wie eine Schildkröte wird. Dann deuten die Frauen der Mutter an, daß ihr Junge zu erwachsen wurde, und wenn sie die Andeutung nicht versteht, werden die Frauen deutlicher: „Wann suchst du eine Braut für deinen Jungen?", dann versteht die Frau, und der einzige, der es noch nicht wahrhaben will, ist in der Regel der Junge.

Welche Erinnerung Ihrer Kindheit und Jugend ist am stärksten in Ihrem Gedächtnis geblieben?

Eigentlich eines der harmlosesten Erlebnisse hat mich so tief beeindruckt, daß ich bis heute seinen Zauber fühle: Einmal, als mein Onkel uns verwöhnen wollte und mitten im Sommer Eis aus den Bergen brachte. Ich werde diesen Augenblick, solange ich lebe, nicht vergessen. Ich war sechs oder sieben. Er wußte von unserem Besuch, doch wir kamen an, und er war noch nicht im Haus. Das Haus aber duftete nach dem Mittagessen, und seine Frau empfing uns und lachte mit meiner Mutter über den Einfall ihres Mannes, von einem fernen Gipfel eines schneebedeckten Berges Eis herbeizuschaffen, damit wir gekühlte Getränke hätten; bald darauf erschien er. Auf seinem Pferd hatte er einen riesigen schwarzen Behälter, aus dem er die Eiskörner, die der Schnee durch Schmelzen am Tag und Frieren in der Nacht bildet, in eine Wanne ließ. Ich nahm eine Handvoll davon und schaute den Onkel an, und er lächelte verlegen.

Vierzig Jahre später habe ich diese Szene in mein Buch *Der ehrliche Lügner* aufgenommen. Und der Onkel im Roman heißt genau wie mein eigener: Josef. Alles andere war erfunden.

Dieses Erlebnis ist Ihnen als Kind sicher wie ein Märchen vorgekommen: Eis mitten im Sommer! Gibt es noch andere Erlebnisse in Ihrer Kindheit, die Ihnen eine Ahnung vom Ungewöhnlichen, vielleicht sogar vom Wunderbaren schenkten?

Wie Sie wissen, ist Damaskus ein von historischen Erinnerungen dichtbevölkerter Ort. Und man spricht dort nicht selten von den Heiligen, als wären sie Nachbarn. Allein mit den Geschichten über Aberglaube könnte ich ein Buch füllen.

Meine Mutter hatte aber etwas Nüchternes in ihrem christlichen Glauben, so daß sie sich und uns viel Aberglauben ersparte.

In Malula pilgerten Menschen jährlich zum Kloster der heiligen Takla, auf Heilung hoffend. Dort sollten angeblich Wunder geschehen. Aber meine Mutter lachte darüber.

Als Kind unternahm ich oft seltsame und lebensgefährliche Abenteuer, um Spuren des Wunderbaren in Damaskus und in Malula zu erkunden. Ich erinnere mich sehr gut an die Nächte vor einem gewissen Abenteuer, an das Zittern, und ich kriege manchmal, wenn ich das meinem Sohn und meiner Frau erzähle, wirklich bis heute noch Gänsehaut.

Ich war noch nicht einmal zwölf, und wir Jungen langweilten uns auf dem Dorfplatz von Malula. Plötzlich sagte einer in der Runde, man könne die Hand der heiligen Maria in den Felsen sehen. Der Abdruck ihrer Hand sei in einer unterirdischen Felsenhöhle zu sehen, und an der Stelle der Fingerspitzen, spränge Wasser aus den Felsen, und wer das wie sein Vater einmal sehen könnte, würde nie krank. Die heilige Maria hätte bei einer Dürre vor tausend Jahren Mitleid mit den Malulianern bekommen, die fast am Verdursten waren, und hätte auf einen Felsen mit den Worten geschlagen: „Also wenn du ein Herz hast, so weine über sie", und der Stein hatte ein Herz, und dort, wo die Hand hingeschlagen hatte, spritzte er Wasser.

Außer mir wollten noch fünf andere Jungen die Hand sehen, doch je näher der Tag rückte, um so ängstlicher wurden sie und wollten nicht mehr mitmachen. Und ich? Ich war in Malula immer bemüht, nicht als der Schwächling aus Damaskus zu gelten, zumal die Burschen in allem stärker waren als ich, im Steinwurf, im Stemmen von Gewichten, beim Klettern auf Felsen und Bäumen, im Reiten – und vor allem im Aramäischen. Und ich war immer wieder krank. Also nahm ich die Mutprobe an und schlich mit nur einem anderen durch einen dunklen Tunnel. Es war ziemlich gefährlich drinnen, denn das schmale Bachbett schlängelte sich an einem Abgrund vorbei. Ein Ausrutscher, und man wäre, wenn nicht tot, so doch lebensgefährlich verletzt gewesen. Und während des ganzen Abenteuers erfüllte mich ein Gefühl, das ich nie zuvor oder danach hatte. Es war nicht Angst, sondern Erhabenheit, daß ich nun auf dem Weg zu einem Ort war, den Maria berührt hatte. Entsprechend war auch die Enttäuschung, denn am Ende hatten wir Schürfungen und Strapazen und nur einen ganz langweiligen Spalt in den Felsen gesehen, aus dem ein Rinnsal floß.

Und das Bedrohliche? Wann fand es zum erstenmal Eingang in Ihre Kindheit? Wann wurde Ihnen die heimatliche Umgebung, wann wurden Sie sich selbst zum erstenmal fremd?

Es gab natürlich die ganz realen Bedrohungen, Krankheit, Putsche der Militärs, den Krieg mit Israel. Aber abgesehen davon erlebte ich den ersten Schock ein Jahr nach meiner Rückkehr aus dem Kloster. Ich war fast dreizehn und hatte gerade eine Runde mit dem Pferd meines geliebten Onkels Josef in den Bergen Malulas genossen, brachte das Pferd zur Tränke und danach in den Stall. Und ich war in diesem Augenblick der glücklichste Junge der Welt – ich war auch von neuem glücklich verliebt in ein Mädchen aus Malula. Ich schlenderte den Weg vom Hause meines Onkels hinunter ins Dorf, als ich zwei Jungen sah, die eine ganze Weile auf mich gelauert haben mußten. Sie riefen mir nach, ob ich ein gerade geborenes Fohlen sehen möchte. Einer der Jungen gehörte zu der muslimischen Familie, die dort wohnte, ich sah ihn oft, und er schaute mich immer freundlich an. Der andere war mir fremd.

„Du liebst doch Pferde", verführte mich der mir bekannte Junge. Ich bejahte und ging arglos in den Stall mit, plötzlich zückte der mir fremde Junge ein großes Klappmesser und rief mit dem Gesicht eines Wahnsinnigen: „Wir wollen dich beschneiden, damit du ein Muslim wirst."

Und ein bitterer Kampf begann. Ich schlug wild um mich und schrie laut um Hilfe, und beinahe wäre mir die Flucht gelungen, weil ich den einen zu Boden warf und der andere über ihn gestolpert war. Die zwei Pferde wieherten wie verrückt. Und ich kämpfte verzweifelt, um an eine Heugabel zu kommen, doch vergeblich. Meine Schreie und die Unruhe der Pferde aber machten den Hausherrn aufmerksam, der zu meinem Glück gerade in dem Augenblick in den Stall kam, als die zwei mich zu Boden warfen. Der eine kniete bereits mit seinem Gewicht auf meinen Armen, und der andere machte sich an meiner Hose zu schaffen.

„Wir werden dich beschneiden, es tut nicht weh", hörte der Mann und brauchte keine Erklärung. Er trat gegen die zwei und schleuderte sie wirklich gegen die Wand, half mir hoch und schüttelte den Kopf.

„Hab keine Angst", sagte er. Ich fing an zu weinen. Er ließ mich stehen, hob das Messer vom Boden auf, schaute es an und stürzte mit einem Stock auf beide. Ich bin heute noch verwundert, daß die zwei seine Schläge überlebten.

„Sag das nicht deinem Papa, sonst wird die Sache ein großes Problem im Dorf. Die zwei sind verrückt. Das ist alles. Verrückt", und er ohrfeigte sie wütend.

Sie waren nicht verrückt, doch ich erzählte meinem Vater kein Wort, dafür aber meiner Mutter die ganze Geschichte. Und bis ich nach Deutschland ging, mied ich das Haus. Ich machte immer einen kleinen Umweg, obwohl der Junge mich immer mit gebrochenem Blick anschaute und untertänig grüßte.

In jenen Tagen erkannte ich die bedrohliche Lage der Minderheit. Fremd kam ich mir nur im Kloster vor, weil wir dort französisch sprechen mußten. Alles war auf französisch, Unterricht und Gespräch. Und wer arabisch sprach, wurde bestraft *(Eine Hand voller Sterne)* und das mitten in Arabien. Das war ziemlich merkwürdig und im Grunde schizophren, aber es gehörte während meiner Kindheit zum guten Ton, wenn Schulen nur in Französisch unterrichteten. Mir aber wurde meine Stimme plötzlich fremd, als würde jemand anderer sprechen und nicht ich.

Gab es ein frühes Erlebnis in der Kindheit, das Ihre literarische Empfänglichkeit in einem besonderen Maß geweckt hat?

Ja, als ich Nacht für Nacht die Geschichten von *Tausendundeiner Nacht* im Radio verfolgte. Sie wurden nur für Erwachsene und daher erst gegen Mitternacht gesendet. Ich schloß nach kurzem Kampf einen Kompromiß mit meiner Mutter. Ich ging freiwillig um sieben ins Bett, und sie weckte mich Nacht für Nacht fünf Minuten vor der Sendung. Und wir saßen oft zu zweit (ab und zu gesellte sich mein Vater dazu, obwohl er um vier Uhr morgens aufwachen mußte) im Dunkeln unter dem grünlichen „magischen Auge" unseres Radios und hörten eine halbe Stunde lang zu, bis Scheherazade an der spannendsten Stelle die Geschichte unterbrach und versprach, sie am nächsten Tag fortzusetzen. Da hüpfte ich ins Bett, lag noch eine Weile wach und spielte alle Möglichkeiten der Fortsetzung vor meinem inneren Auge durch. Das ging fast zwei Jahre und neun Monate lang. Nacht für Nacht! Das war meine erste literarische Schulung. Das prägt bis heute das Motiv, das mich beim Schreiben leitet: Das Buch soll die Leser süchtig machen. Erst dann ist es gelungen.

Sie leben seit fünfundzwanzig Jahren im Exil. Darf man Sie fragen, wo heute Ihre Heimat ist?

Meine Heimat ist dort, wo meine Frau, mein Sohn und meine Kindheit leben, in Syrien und Deutschland. Mein Herz ist eine Schwalbe.

2.
Damaskus
oder
Das Zusammenleben in Verschiedenheit

Damaskus, die Stadt Ihrer Kindheit, haben Sie einmal als „eine der schönsten Städte der Welt" bezeichnet und hinzugefügt, Sie würden „unter der Liebe zu dieser Stadt seit genau 25 Jahren" leiden, also seit dem Beginn Ihres Exils. In Ihren Büchern finden sich viele Liebeserklärungen an Damaskus. Die Stadt, die Sie beschreiben, ist vergangen und damit der Erinnerung zugehörig. Trotzdem kann man sich als Leser des Eindrucks nicht erwehren, daß Sie Damaskus gleichzeitig als einen utopischen Ort schildern, wo sich Versöhnung zwischen den Kulturen ereignet und wo Menschen menschlich leben können. Was bedeutet Ihnen Damaskus?

Damaskus ist für mich der Ort meiner Träume und Erinnerungen. Dort bewegte ich mich als Kind sicher, und dorthin wandern meine Figuren und fühlen sich wohl in den Gassen des christlichen Viertels. Damaskus ist aber auch meine Idylle, die ich in einer Art Selbstschutz sorgfältig aufgebaut habe. Immer wenn es mir in der Fremde schlecht geht, taucht Damaskus vor meinen Augen auf, voller Möglichkeiten des Lebens, voller Wärme und Lachen, erfüllt von deftigen Gerüchen. Aber auch als Stadt, die geprägt ist durch Gelassenheit im Umgang mit dem Alltag und die vor allem Schutz bedeutet. In diesem Sinne wird Damaskus zum Ort, an dem alle humanistischen Träume Wirklichkeit werden. Ich weiß so gut wie jeder, daß es einen solchen Ort nicht gibt, aber geben könnte. Das ist eben das Geheimnis aller Utopien.

Es gibt ihn nicht – diesen Ort, an dem Träume wahr werden. Aber es könnte ihn geben, und es hat ihn vielleicht sogar einmal gegeben. Jedenfalls entnehme ich das Ihrer Antwort. Warum konnten Sie sich als Kind in Damaskus so sicher bewegen, daß Sie viel später die Aura dieser Stadt immer noch als Schutz erfahren? Und eine daran anschließende Frage: Sie sprechen von der „Gelassenheit im Umgang mit dem Alltag". Wie äußerte sich diese Gelassenheit, und woher bezog sie ihre Kraft?

Es ist merkwürdig. Als Kind hatte ich in Damaskus sehr wenig Geld, fast kein gekauftes Spielzeug, und ich war oft krank, doch ich hatte eine Ruhe in mir, eine Sicherheit, daß mir in meiner Gasse nichts passieren konnte. Möglicherweise war die starke Bindung an meine Eltern, die anderen Kinder und Nachbarn eine der Ursachen dieser Sicherheit. Auch die Unbekümmertheit spielte bestimmt eine Rolle. Genau weiß ich es nicht.

Dieser paradiesische Zustand ist mit meiner Auswanderung verlorengegangen.

Gelassenheit im Umgang mit dem Alltag ist eine Stärke, die uns in der Regel abgeht. Gelassenheit, wie ich sie verstehe, ist nicht Desinteresse und Kälte gegenüber gesellschaftlichem Geschehen. Sie meint vielmehr eine weise, aufmerksame und engagierte Lebensweise, die eher imstande ist, zu handeln und zu verändern, als die fast hysterische Reaktion auf jede Kleinigkeit. Man kann das durch viele Beispiele erläutern.

Ich wuchs beispielsweise in einer christlichen Gasse auf, die unmittelbar benachbart war mit einer jüdischen Gasse. Syrien lag im Krieg mit Israel und erlebte seit der Gründung des Staates Israel nur militärische Niederlagen. Die Juden sympathisierten natürlich mit Israel, aber wir lebten mit ihnen, handelten, spielten und stritten, ohne daß es in Damaskus in vierzig Jahren zu einem einzigen antisemitischen Ausfall gekommen war. Hätte man sich in Deutschland während des Krieges eine russische oder englische Gasse in Berlin vorstellen können?

Auch wir Christen überlebten im Orient trotz der Kreuzzüge. Man muß sich das vorstellen: im elften Jahrhundert, in einer Epoche also, in der die Menschen noch keinen Begriff von Nation hatten, sondern sich eher durch ihre Zugehörigkeit zur Sippe und zur Konfession definierten. Und plötzlich umzingeln Christen eine Stadt mit einer christlichen Minderheit. Die Angreifer tragen das Kreuz als Zeichen ihrer Zugehörigkeit und wollen den Islam in seinen Grundmauern zerstören, und die Muslime haben ein solches Bewußtsein, daß sie gleichzeitig gegen die Kreuzzügler tapfer und opferbereit kämpfen und uns Christen auch noch schützen und überleben lassen. Das ist das, was ich mit der weisen Gelassenheit meine. Leider wurde das im Orient auch unter dem Einfluß der Moderne nach und nach zerstört, und spätestens im libanesischen Bürgerkrieg und mit dem Aufstieg der Islamisten ist es verschwunden. Daher rückt diese Gelassenheit, die es einst als gelebte Wirklichkeit gab, in den Bereich der Utopie.

In Ihrem Buch Reise zwischen Nacht und Morgen *werden die Feierlichkeiten zum dreitausendjährigen Geburtstag der Stadt Ulania beschrieben. Beim Abschlußfest führt eine Artistin einen Seilgang hoch über der Stadt vor, wobei das Seil zwischen der großen Moschee Saladins und der Kirche der heiligen Maria gespannt ist – als Symbol der Verständigung zwischen Islam und Christentum. Dieser staatsoffiziellen Interpretation setzt der Erzähler eine andere entgegen: Nicht das verbindende Seil entspricht der Beziehung der beiden Religionen zueinander, sondern der „lebensgefährliche Balanceakt auf dem Seil". Spricht aus dieser Feststellung der Autor Rafik Schami?*

Ja, das ist meine Meinung.

Wie bewerten Sie heute, also nicht im Blick auf Ihre Kindheit, sondern angesichts der aktuellen Entwicklungen, das Verhältnis zwischen den beiden Weltreligionen?

Das Verhältnis macht seit Jahren eine sehr schwere Phase durch, deshalb ist diese Metapher mit dem Seiltanz eine nüchterne Wiedergabe der Lage. Seit Ende der sechziger Jahre – ich habe die Anfänge in Damaskus noch miterlebt – erneuerte sich die islamisch-fundamentalistische Bewegung. Sie wurde, und das wissen die wenigsten heute, nicht nur von den Regierungen Arabiens geduldet und gehätschelt, sondern von Saudi-Arabien, von den USA und von Westeuropa unterstützt, weil die westliche Welt damals den Aufstieg der Revolutionäre und der Sozialisten in Arabien, der wichtigsten Energiequelle der Welt, fürchtete. Ich war Student in einem Land, das sich sozialistisch nannte, und mußte miterleben, wie die fundamentalistischen Moslembrüder von der Regierung geduldet wurden, auch wenn sie mit Ketten und Messern auf uns losgingen. In Ägypten, Algerien und den anderen arabischen Ländern war es nicht anders, und spätestens mit dem Aufstieg des Antikommunisten Sadat als Nachfolger Nassers in Ägypten wurden die Fundamentalisten zur rechten Hand der Regierung für schmutzige Aufgaben. Doch bald wuchsen diese Kräfte zu einer selbstbewußten politischen Partei heran und erkannten ihre Chance in der Sackgasse, in die die Entwicklung Arabiens geraten war. Die meist diktatorischen Herrscher in den fortschrittlicheren arabischen Ländern nahmen wie ihre Freunde im Ostblock den Mund zu voll und lösten kein einziges soziales Problem ihrer Gesellschaften. Mitte der siebziger Jahre waren sie endgültig gescheitert. Die Fundamentalisten führten eine zwar primitive, aber berechnend auf die Instinkte der Menschen gerichtete Propaganda, die einen Sündenbock ausfindig machte: den europäischen Weg, dem die Herrscher Arabiens angeblich folgten, dieser Weg sei eine teuflische Verführung und an allem schuld. Sie riefen auf zur Rückkehr zum Islam und Kalifat, den wahren Erlösern von allen Problemen inklusive Krankheit, Arbeitslosigkeit und Rückständigkeit. Die Islamisten, schlau genug, boten keine konkreten Lösungen der Probleme der Gegenwart Arabiens, sondern seine stilisierte glorreiche Vergangenheit als Erlösung.

Saudi-Arabien, das reiche Land, das sich immer bedroht sah durch die ärmeren, mehr oder weniger republikanischen Regime, unterstützte nun offen und heimlich mit seinen reichlichen Petrodollars die Islamisten, und diese wurden immer selbstbewußter. Es ging nicht mehr um Glauben. Es ging um Macht. Und die Islamisten wußten sehr gut, daß Weltmächte hinter ihnen standen und keine religiösen Spinner. Sie errichteten soziale Werke, die die Hungrigen nicht satt machten, aber sie mit Sicherheit an sie banden. Massenauflagen von edel aufgemachten Büchern mit vereinfachten, verführerischen islamischen Schriften wurden auf der Straße für einen Spottpreis jedem zugänglich gemacht. In ihren unzähligen offiziellen Verbänden nahmen die Fundamentalisten frustrierte Jugendliche auf und leiteten sie weiter in den Untergrund, und so wurden diese Gruppen zu einer ernst zu nehmenden Kraft. Nun erkannten die Regime zwar die Gefahr dieses Ungeists, dessen sie sich bedient hatten, doch sie unterschätzten die breite Basis dieser Bewegung. Nicht nur Sadat und viele andere Politiker wurden letztendlich Opfer der eigenen Untat. Auch der Westen – und an erster Stelle die USA, die sie einst aufzogen und mit Logistik und Rückendeckung unterstützten – wurde nach und nach, und sei es nur lauthals vor den Fernsehkameras, zum erklärten Feind der Bewegung.

Mit dem Ausbruch des Bürgerkrieges im Libanon und dem Aufstieg Chomeinis geriet doch auch der empfindliche historische Friede zwischen den Muslimen und den Christen ins Wanken. Plötzlich kam es zu Massakern, die kurz zuvor undenkbar gewesen wären. Wie beurteilen Sie diese Entwicklung?

Der Aufstieg der Fundamentalisten im Iran und ihr Sieg gegen ein für unbesiegbar gehaltenes, von den USA errichtetes Regime beschleunigten wiederum in Arabien die Sympathie für den Fundamentalismus. Auf einmal konnte man beobachten, wie viele weltliche muslimische Politiker demonstrativ in die Moscheen gingen und sich beim Gebet filmen und fotografieren ließen. Fügt man hinzu, daß sich viele muslimische, ehemals angeblich radikale, angeblich bürgerlich und angeblich revolutionäre Denker Arabiens in dieser Phase vom aufrechten Gang und der Vernunft entfernten und Opportunisten des Augenblicks wurden, so kann man sich vorstellen, wie miserabel und im Stich gelassen sich die Christen fühlten.

In meiner Kindheit war das Tragen goldener Kreuze oder Mini-Korane eine Ausnahme. Heute läuft die Mehrheit mit der billigsten Art des Bekenntnisses zu einem Glauben um den Hals herum.

Für mich und viele andere Angehörige der Minderheiten wurde seit Mitte der achtziger Jahre ein historischer ungeschriebener Vertrag seitens der muslimischen Mehrheit gebrochen. Der Orient verwandelte sich langsam in einen nicht aufgeklärten, sondern schäbigen Okzident. Zum erstenmal wurde hier die Hetze gegen Christen, Juden und Baha'i auf der Straße unbestraft angezettelt, ja ein arabischer Staatsmann schämte sich nicht zu behaupten, die Christen seien keine Araber und in einem vereinten Arabien würde man ihnen die Möglichkeit bieten, Muslim zu werden oder nach Europa auszuwandern. Daß dem nicht sofort mit Abbruch aller Beziehungen der anderen arabischen Länder entgegnet wurde, war ein Hinweis auf den Verrat des historischen Konsenses. Daß ich heute aus dem ehemals aufgeklärten Damaskus Hetzbücher bekomme, die auf der Straße für wenig Geld verkauft werden, hätte ich bis vor ein paar Jahren für unmöglich gehalten. Die billige Hetze wurde nicht heimlich auf Schmierpapier, sondern offiziell und auf Glanzpapier in diesem Jahr gedruckt. Die Christen werden darin beleidigt, daß sie die falsche Religion haben und im Grunde nicht an Gott glauben. Auch der Antisemitismus ist ein Resultat dieses Verrats am historisch verankerten Abkommen. Nicht nur weil die Araber und Juden verwandt sind, sondern weil im Orient das Zusammenleben der verschiedenen

Kulturen in der Geschichte möglich wurde, fand der abendländische Antisemitismus dort keinen fruchtbaren Boden. Nun aber in diesem neueren Orient blüht der Antisemitismus so schlimm wie sein Zwillingsbruder in Europa.

Darin sehe ich eine große Gefahr. Die Staaten Ägypten, Syrien, Libanon, Irak und Sudan, wo Christen leben, müssen den Schutz der Minderheiten, diese einmalige Leistung des Orients, nicht als Luxus, den man sich leisten kann oder nicht, sondern als besten geheimen Garanten gegen den Bürgerkrieg betrachten, und solange die Herrschenden das nicht tun, kann ich leider nur diese Metapher vom gefährlichen Seilgang für die Beziehung zwischen Christen und Muslimen finden.

Ihre Erinnerungen an Damaskus gehen mir noch immer nach. Sie haben einen „paradiesischen Zustand" der Unbekümmertheit und der Gelassenheit geschildert. Dieser Zustand, so sagten Sie, ist mit Ihrer „Auswanderung verlorengegangen". Warum erst mit der Auswanderung? Und was geschah damals?

Es geht bei meiner Aussage um die Zeit der Kindheit. Das waren die fünfziger Jahre. Damaskus war eine Perle der Städte, und ich habe nicht nur die Schönheit dieser sanften Metropole genossen, sondern ich habe auch in dieser Stadt das Zusammenleben von Kulturen und Religionsgemeinschaften noch in seinem idealen Zustand erlebt. Weder war damals der Bürgerkrieg im Libanon schon ausgebrochen, noch hatten die Fundamentalisten den geringsten Einfluß – ich schaue manchmal Fotos der fünfziger und sechziger Jahre an und wundere mich, wie modern die Damaszener Gesellschaft im Vergleich zu heute war. Die Herrschaft der Militärs, die Mißwirtschaft, die Auswanderung der besten Intellektuellen, Techniker und Wissenschaftler und die Flucht der Bauern in die Städte ließen Damaskus in der Folgezeit eine Rückentwicklung zu einem großen, übervölkerten Dorf durchmachen. Quasi eine negative Umkehrung der europäischen Entwicklung, die mit sich brachte, daß Dörfer zu kleinen Städten wurden. Sicher nicht zum Vorteil der Vielfalt, weil man nun in ganz Europa denselben Brei angeboten bekommt wie vor seiner Haustür. In der Dritten Welt dagegen wurden die Großstädte, die eine herrschaftliche und manchmal architektonisch herrliche Vergangenheit hatten, „verdorft". (Ich weiß, das Wort gibt es nicht, aber hiermit erfinde ich es.) Armut schlug in Elend um, und die Infrastruktur, das Nervensystem einer Stadt (Kanalisation, Wasser- und Stromversorgung, Straßen, Verkehrsmittel etc.) brach zusammen. Die Bewegungsfreiheit der Kinder wurde radikal eingeschränkt, und bald wurde den meisten Kindern in den Elendsquartieren ihre Kindheit geraubt. Der Fundamentalismus führte zur Verkrampfung zwischen den Religionsgemeinschaften. Ende der sechziger, Anfang der siebziger Jahre hat diese negative Entwicklung ihren Anfang genommen. In dieser Zeit verließ ich Syrien.

Die negative Entwicklung ging seit dieser Zeit rasant weiter, auf vielen Gebieten. Nur zwei Beispiele dafür: In den letzten zwanzig Jahren hat die syrische Lira gegenüber der Deutschen Mark dreißigfach an Wert verloren. Damaskus zählte 1970, als ich die Stadt verließ, höchstens eine Million Einwohner, heute leben dort über vier Millionen Menschen.

3.
Fremd in der Gesellschaft

Der friedliche Umgang zwischen Christen, Juden und Muslimen – hatte er nicht auch etwas damit zu tun, daß sie voneinander getrennt in unterschiedlichen Gassen und trotzdem miteinander lebten? Daß also Nähe zur Distanz wurde und Distanz zur Nähe? Toleranz kann doch nur dort wachsen, wo Menschen in der Kindheit ihre eigene Identität erfahren und ein Gefühl der Zugehörigkeit und inneren Sicherheit entwickeln durften. Oder ist das eine problematische Deutung, der Sie widersprechen?

Nein, die Deutung ist ganz richtig. Das tragende System war eher noch viel komplexer. Die Modernität brachte es nicht weiter, sondern zum Zusammenbruch. Die Massengesellschaft verträgt kein komplexes Gebilde, weil es sich für die Norm nicht eignet. Und die Norm ist der Grundpfeiler der modernen Gesellschaft.

Mit vielschichtigen sozialen Gebilden ist es nicht anders wie mit dem sensiblen Gleichgewicht der Natur, das biologisch äußerst komplex ist und daher auf den kleinsten Teil seines Gebildes nicht verzichten kann, ohne als Ganzes Schaden zu nehmen, dafür aber – eben durch dieses System – imstande ist, Wunder zu vollbringen. Die Betrachtung einer Blume, eines Baumes oder einer Spinne zeigt uns die unglaublichen Leistungen, die kleine Zellen und Lebewesen vollbringen.

Die alten orientalischen Gesellschaften haben jahrtausendelang an ihren kulturellen Systemen gebaut, bis sie so reif wurden und imstande waren, auch Kriegserschütterungen zu überleben. Das Zusammenleben verschiedener Kulturen ist sehr komplex und bedarf daher näheren Hinsehens. Schlagworte und Sprüche klären hier nichts. Nicht der Haß, sondern die Angst vor Fremden ist angeboren. Deren Abbau aber ist Menschen möglich. Tiere können ihre Angst vor Fremden nicht abbauen. Es ist ihr Überlebensinstinkt, der ihnen die Schutzreaktion diktiert. Menschen sind wohl dazu imstande, doch auf Dauer helfen weder eine Moralpredigt noch eine staatliche Verordnung, sondern einzig und allein ein komplexes System von Maßnahmen wie Erziehung, verbindliche Vereinbarungen zwischen Mehrheit und Minderheit, Maßnahmen bei der Städteplanung, Entschiedenheit des Staates in der Verteidigung der Würde aller Menschen des Landes und vieles mehr.

Um ein Beispiel zu erzählen: In Damaskus gab es bis in die fünfziger Jahre, vor allem in der Altstadt, die damals die Mehrheit der Bevölkerung beherbergte, ganz genau definierte Wohngebiete für Christen, Muslime und Juden. Es waren keine Gettos, sondern durchlässige, miteinander kommunizierende Wohngebiete, die aber das unbeschwerte Entfalten einer Kindheit und danach einer Identität ermöglicht haben. Wir konnten als Christen unser Leben führen, unsere Schulen, unsere Kirchen ungehindert besuchen, unsere Feste feiern, unsere Ängste, Trauer und Freude ausleben, ohne daß wir uns selbst dauernd zensieren mußten. Wir wußten aber von den Eltern, daß ein paar Gassen weiter Muslime lebten, die kein Schweinefleisch essen, bei Besuch Männer von Frauen trennen und im Monat Ramadan fasten. Und unsere Eltern erzogen uns dazu, die Gefühle der Muslime, Juden und Drusen zu respektieren. Juden und Christen mußten verbindliche Abmachungen mit der muslimischen Mehrheit eingehen, die sie etwas benachteiligten, dafür aber wurde unser Leben und unsere Kultur vom Staat geschützt. Wir durften kein Staatsoberhaupt, keinen Armeeführer, keinen Ministerpräsidenten stellen. Auch waren unsere christlichen Hochfeste in der Regel keine staatlich anerkannten Festtage, doch in unserem Viertel herrschte der christliche Kalender. Sicher, ein solches äußerst komplexes Leben bringt Kuriositäten mit sich, so etwa die Tatsache, daß im christlichen Viertel Jesus bei uns Katholiken gerade auferstanden war und gen Himmel aufstieg, da wurde er eine Woche später, eine Gasse weiter bei den Gläubigen der griechisch-orthodoxen Kirche gekreuzigt, weil sie nach einem anderen (ostkirchlichen) Kalender lebten.

Verstehe ich Sie richtig, daß Sie nicht viel von den sogenannten einfachen Lösungen halten und erst recht nicht viel von den Schlagworten, die hierzulande für das Verhältnis zwischen Deutschen und Ausländern, Fremden und Einheimischen benutzt werden?

Ich halte nicht nur nicht viel davon. Ich finde sogar einige Ansätze, die von den selbsternannten Freunden der Fremden als Lösung angeboten werden, lebensgefährlich, vor allem für die Fremden in diesem Land. Zwei völlig unterschiedliche Beispiele verdeutlichen das: Wenn ein bekannter Journalist etwa das Thema auf ein primitives *Entdecken* der Ausländer für die Deutschen reduziert. Er hat uns für die Deutschen wie vor ihm Kolumbus Amerika für die Europäer entdeckt. Daß wir bis dato mehrere hundert Bücher in allen Bereichen des Lebens veröffentlicht haben und vom Finanzamt längst vor ihm entdeckt wurden, störte den Herrn nicht. Nun, was entdeckt er? Straßenkehrer, Dreckarbeiter und weitere Klischeebilder der Deutschen von Ausländern. Berechnend reduziert er das Problem des Zusammenlebens der Kulturen auf eine Karikatur vom ausbeutenden dickbäuchigen Kapitalisten und armen Ausländern. Berechnend deshalb, weil der Journalist weder die SPD noch die Gewerkschaft verärgern wollte, und in der Tat ging seine Rechnung auf, und beide danken ihm für die Absolution und verbreiten das Buch als Heilmittel gegen Gewissensbisse. Es ist zwar nicht neu, daß Parteien ihre Hofdichter mit aller Macht unterstützen, aber dieser Fall hat der Sache der Ausländer großen Schaden zugefügt. Auf einmal war die Bevölkerung im Rausch der Unschuld und nicht mehr fähig, angemessene und sachliche Zugänge zu diesem komplexen Thema zu suchen. Das Buch und sein Schreiberling reduzierten die Frage des Zusammenlebens auf die primitive Stufe: Wer ist schuld? Und die Mehrheit der Bevölkerung atmete erleichtert auf, daß nur ein paar Industrielle die Schuld an der ganzen Misere tragen. Das Buch, das sich politisch aufrüttelnd gab, führte also zur Entpolitisierung der Leser und suggerierte nebenbei, daß man allein durch den Kauf des Buches die Ausländer unterstützt. Daß sich der Autor von den finsteren türkischen Nationalisten in Ankara als „Türkenbefreier" feiern ließ, war die Krönung der Geschmacklosigkeit und zugleich der Preis, den der Autor verdiente.

Die subtilen und daher schlimmeren Formen des Fremdenhasses blieben unberührt. Und gerade sie sind es m. E., die immer wieder die primitivere, offensivere Form der Gewalt gegen Fremde erst möglich machen. Das aber überließ dieser Journalist und Experte für das Populäre uns, den ausländischen Autoren, weil es nur Ärger macht.

Das zweite Beispiel falsch verstandener Liebe zum Fremden sind Plakate, die angeblich die Bevölkerung aufklären sollen und sie zur Zivilcourage ermuntern. Dies geschah auf dem Höhepunkt rassistischer Übergriffe, Brand- und Mordanschläge gegen Ausländer. Es waren dumme Plakate für viel Geld. Eines empfand ich als besonders schwachsinnig. Da las man die Namen von Talkmastern, Tennisstars und anderen Prominenten aus dem Show-Geschäft, und darunter stand, sinngemäß: Auch ich bin ein Ausländer! Sie waren alle Deutsche, an denen höchstens ihre geheimen Konten ausländisch waren. Soweit heruntergekommen ist die heikle Frage des Zusammenlebens!

Auch Plakate, die einen Deutschen mit kalter Hand ohrfeigen, können höchstens Ressentiments wecken, indem sie den

Deutschen arrogant erinnern: Dein Auto ist ein Japaner, Deine Pizza ist Italiener, Dein Jesus ist ein Jude. Oft ist nicht einmal ein böser Wille hinter diesen Dummheiten, sondern schlicht und einfach Ahnungslosigkeit, Hast und Kopflosigkeit nach einem Anschlag und das Bedürfnis, das eigene Gewissen zu beruhigen. Bald überschlugen sich die Institutionen mit der Nächstenliebe, und jeder wollte noch mehr Ausländer lieben, und man konnte eine Anzeige eines großen Elektrokonzerns von einem kommunistischen Flugblatt nicht mehr unterscheiden. *Alle*, aber wirklich alle liebten *alle* Ausländer, nur ich nicht.

Ich möchte gerne auf eine Aussage von Ihnen zurückkommen, die eine kritische Nachfrage notwendig macht. Sie haben vorhin behauptet, die „Angst vor dem Fremden" sei den Menschen angeboren. Wie kommen Sie zu einer solchen Auffassung?

Durch meinen Daueraufenthalt unter den Angehörigen der Minderheit – und zwar seit meiner Geburt – bin ich sehr skeptisch gegenüber Schlagworten und Übertreibungen. Und je mehr einer mir versichert, er kenne seit seiner Geburt keine Angst vor Fremden, um so skeptischer werde ich, ob hier nicht eher der gute Wille, die Höflichkeit oder gar das Gefühl des Möchtegerne-Kosmopolit-Seins die Aussage diktieren. Wie alle Lebewesen empfindet der Mensch durch den Fremden eine – und sei es eingebildete – Störung in seiner Sicherheit. Es geht oft viel mehr um psychisch empfundene als um konkrete, physische Bedrohung. Diese Angst ist weder rassistisch noch bedrohlich für den Fremden – noch nicht. Sie bietet aber eine Öffnung, durch die die Feinde der Menschheit und der Menschlichkeit in die Seele dringen und dort durch Manipulation existentielle Angst schaffen. Und diese Angst ist dem Fremden gegenüber bedrohlich, weil die nun manipulierten Einheimischen jede Gewalt gegen den Fremden billigen – in der festen Überzeugung, sie würden damit ihre nackte Existenz verteidigen.

Wie kompliziert das Thema ist, zeigt folgende Merkwürdigkeit: Im Zeitalter des Tourismus bewegen sich Menschen ohne Schutz, Auftrag oder auch Ziel furchtlos in der Fremde unter Millionen Fremden, und nicht selten fürchten die gleichen Menschen daheim die wenigen schwachen Fremden. Und genau wie der Tourismus hat das Predigen von einem Weltethos der Brüderlichkeit herzlich wenig gebracht. Man könnte sogar gehässig behaupten, daß die christliche Lehre nirgends mehr Niederlagen einstecken mußte als in der Frage der Liebe zum Fremden. Sie verlangte in puncto Fremdenliebe ein Maximum, nämlich die Liebe zum Feind, d. h. der häßlichsten Form des Fremden. Indem sie dies als erste Pflicht des Christen einforderte, überforderte sie die Menschen. Es gibt wirklich Christen, die bereit sind, ihr Leben für ihren Glauben zu geben, und die sich trotzdem weigern, der Lehre dieses Glaubens in der Frage der Fremdenliebe zu folgen. Der Vorwurf der Hochnäsigkeit ist hier fehl am Platz.

Sie haben gesagt, daß sich diese Angst trotzdem abbauen lasse. Können Sie dazu ein paar konkrete Hinweise geben, ein paar Beispiele? Denn der gute Wille, da stimme ich Ihnen zu, reicht ja nicht aus – meistens ist er sogar ein sehr schlechter Ratgeber.

Man hat darüber Bände geschrieben, und von Tag zu Tag kommen neue Hindernisse und weitere Lösungen, und man könnte heute wieder Bände darüber schreiben. Ganz kurz möchte ein paar Ansätze für eine zukünftige Gesellschaft nennen, die ihr zum besseren Umgang mit dem Fremden verhelfen können:

1. Nüchtern und ohne jede Sentimentalität die Angst vor Fremden zulassen und als öffentliches Thema für eine würdige

Auseinandersetzung betrachten. Damit entziehen die demokratischen Kräfte in diesem Land den Fundamentalisten und Menschenhassern auf beiden Seiten eine ihrer stärksten Waffen. Denn solange das Thema als Tabu gilt, solange es für einen Deutschen peinlich ist, nüchtern, d.h. vernünftig, über seine Angst vor den Fremden zu sprechen, so lange überlassen wir diesen Menschen denen, die aus seiner Angst eine Mordwaffe schmieden.

2. Das Thema „Leben mit Fremden" ist kein Luxus, den man sich alle drei, vier Monate für eine Stunde leistet und auch keine Leier, die man für eine kurze Zeit nach einem Anschlag gegen Fremde betätigt, sondern eine Notwendigkeit in einer modernen, komplexen Gesellschaft wie die der Deutschen. Hier sind die Medien, Schulen, Kirchen und Parteien gefragt, systematisch und phantasievoll Aufklärung zu leisten und lieber in kleinen Schritten beharrlich das Ziel zu verfolgen, als mit gewaltigem Aufwand für ein paar Tage im Jahr das eigene schlechte Gewissen zu beruhigen. Ein Beispiel von vielen: mit einer Stunde in der Woche von der ersten Klasse an könnten Schüler den Umgang mit anderen Kulturen lernen, der ihnen in ihrem späteren Leben sehr behilflich sein würde. Auch beruflich! Das Thema ist facettenreich und bietet den jüngsten wie den erwachsenen Schülern genug Herausforderung und Spannung.

3. Die Frage des Zusammenlebens mit Fremden muß ein für allemal aus dem Kerker des Mitleids befreit werden. Fremde sind weder Aussätzige noch bedrohte Tiere. Fremde stellen die Voraussetzung der eigenen Menschlichkeit und deren komplementären Teil dar.

4. Auch die Fremden müssen hierfür ihren Beitrag leisten und zu lernen anfangen, daß maximale Forderungen, gepaart mit Arroganz und Selbstbedienungsmentalität, sie am Ende nur

zum Verlierer machen und daß sie nichts, aber wirklich nichts *gegen* die Deutschen erreichen, sondern nur *mit* ihnen gemeinsam einen Weg finden könnten. Und daß jeder Hetzer gegen die Deutschen ein Todfeind des Fremden ist.

5. Gesprochen werden muß auch über die Zahl der Fremden, die ein Land aufnehmen kann, ohne daß seine Gesellschaft aus dem Gleichgewicht – und sei es ein eingebildetes – gerät, über die konkrete Voraussetzung der Einbürgerung und des Wahlrechts für Fremde, die es ermöglichen, daß sich die Deutschen im eigenen Land nicht nur nicht bedroht, sondern wohl fühlen.

Deutschland ist ein Teil Westeuropas und des christlichen Abendlands, das eine besondere, nicht unproblematische Geschichte hat und das der Menschheit extrem viel Freude und viel Schmerz gegeben hat. Über klare und vernünftige, gesellschaftlich verbindliche Garantien aller Beteiligten muß man offen reden ohne Scham und Heuchelei. Die Fremden, die hier leben wollen, müssen lernen, mit Kompromissen zu leben, ohne sich Illusionen zu machen. Sie müssen lernen, daß es dafür historische Erfahrungen gibt, daß verschiedene Gemeinschaften ihre eigene Kultur entfalten, einander bereichern und auf freiwilliger Basis kooperieren können. Die verpflichtenden Vereinbarungen zwischen der deutschen Mehrheit und den Minderheiten der Fremden sind notwendig, denn sie garantieren den Minderheiten Schutz und der Mehrheit ihre Souveränität im eigenen Land.

6. Der demokratische Staat muß – von den höchsten Repräsentanten bis zu den untersten Stellen der Bürokratie – begreifen, daß die Sicherheit seiner Minderheiten gleich der Sicherheit seiner Demokratie ist und daß jedem und sei es verbalem Anschlag gegen Minderheiten mit äußerster Härte zu begegnen ist. Denn so etwas ist kein Kavaliersdelikt, sondern der Keim eines Bürgerkrieges.

7. Und nicht zuletzt wiederhole ich meinen Vorschlag, den ich vor Jahren gemacht habe: einen Minderheitenrat zu bilden, der über keine Macht verfügt, sondern als moralische Instanz, die von den Kirchen, den Gewerkschaften, von den Länderregierungen und der Bundesregierung unterstützt wird, die Aufklärung der Bevölkerung, Dokumentation und Bündelung der Aktionen gegen Rassismus übernimmt. Aber vor allem hat dieser Minderheitenrat eine zentrale Aufgabe: die aktive Bindung der Fremden, um hier die Voraussetzung für eine Zukunftsgesellschaft zu schaffen und die Isolation der Fremden zu brechen und sie so auch gegen Menschenhasser unter den Fremden zu rüsten.

Wann und wie soll das umgesetzt werden?

All das und noch mehr sollte man lieber heute als morgen beginnen. Aber ich muß leider hinzufügen, daß bis heute keine dieser minimalen und unentbehrlichen Voraussetzungen für einen friedlichen Weg in die Zukunft geschaffen ist. Und sollten sie einmal Wirklichkeit werden, so ist nur der erste Schritt getan; die weiteren Schritte erfordern sehr viel Geduld, Beharrlichkeit, und sie werden immer von Rückschlägen begleitet werden, doch es gibt keine Alternative dazu.

In Ihrer Geschichte Fußball nein, Nazis niemals! *sagt ein Ausländer zu seinem deutschen Freund Hans: "Sechzig Millionen Deutsche werden durch vier Millionen Ausländer verunsichert. Das heißt, fünfzehn Deutsche müssen die Last eines einzigen Ausländers tragen. Aber jeder von uns trägt auf seinen Schultern fünfzehn Deutsche. Siehst du, was für Nerven wir Ausländer haben!" Das kleine Rechenexempel tut in der Geschichte seine aufklärerische Wirkung. Aber es verrät noch lange nicht den Grund der Verunsicherung der Deutschen. Wie erklären Sie diese Verunsicherung, die sich bis zur Angst vor dem Fremden und bis zur Hysterie steigern kann?*

In der Geschichte, auf die Sie anspielen, geht es um ein Fußballspiel zwischen Deutschland und einem arabischen Land, das im Fernsehen übertragen wird. Die Zuschauer, Araber und Deutsche, sind eng befreundet. Doch bald verhalten sie sich merkwürdig. Etwas Ähnliches habe ich selber in Münster einmal erlebt. Es kam zu Beschimpfungen und Prügeleien. Ein Jahr später wurde ich dann von demselben Verein zu einer Lesung eingeladen. Das Haus war voll, und die Akteure saßen im Publikum, und ich trug ihnen diese Satire vor. Da wurden viele verärgert, weil sie sich wiedererkannten und das Lachen der anderen nicht ertrugen.

Die Verunsicherung der Deutschen vor den Fremden hat mehrere Gründe, allgemeine, die wir besprochen haben, und spezielle, spezifisch deutsche Ängste. An erster Stelle spielt die deutsche Geschichte eine entscheidende Rolle im Auf- und Abbau der Angst der Deutschen. Im Gegensatz zu den Arabern, Franzosen, Engländern oder Italienern, die durch ihre Geschichte Weltherrschaft und Kolonialismus durchgemacht haben und mit vielen Völkern leben mußten, haben die Deutschen kaum Erfahrung, auf Dauer mit Fremden zu leben. Abgesehen von der Ausnahme der Grenzstädte und der kurzen Phasen des Aufschwungs etwa in den Industriestädten wie Mannheim oder Bochum, Dortmund und anderen Städten des Ruhrgebiets, wo sich Fremde aus Frankreich oder Polen ansiedelten und sich unter dem Druck der Umgebung assimilierten. Heute erkennt man diese Siedlerfamilien nur noch am Klang ihrer Familiennamen. Und bei der Assimilation verloren die Fremden ihre Ursprungsidentität und die Deutschen die historische Möglichkeit zu lernen, wie man mit einem Fremden friedlich lebt. Die beiden Weltkriege trugen weiter durch die Kriegsideologen zu dem düsteren Bild des Fremden bei, der dem Land nur Zerstörung und Tod bringen würde. Und nun kam ein Reichtum und ein propagiertes Märchen vom Wirtschaftswunder, das kein „Wunder" war, sondern Konsequenz einer weltpolitischen Konstellation, die Westdeutschland eine bestimmte Rolle zuwies, und das Ergebnis von ungeheuren Opfern der Männer und vor allem der Frauen, die dieses Land wieder aufgebaut haben. Die Propagierung des „Wirtschaftswunders" aber betrieben die Deutschen in aller Welt selber. Und das zog logischerweise auch Hungrige an. Zu keinem anderen Land flüchteten Hilfsbedürftige in so hoher Zahl wie nach Deutschland. Und die Zahlen stiegen durch Menschenhändler ins Astronomische. Man muß hier bei aller kritischen Analyse den Deutschen auch ein großes Lob aussprechen: Sie haben als einzelnes Land schließlich jährlich so viele Flüchtlinge wie die Europäische Gemeinschaft als Ganzes aufgenommen, deren andere Mitglieder aber gerne den Zeigefinger auf die Deutschen richten.

Diese rasante Entwicklung in den Flüchtlingsströmen trat plötzlich ein, und genauso unvorbereitet mußten Dörfer, die selbst wirtschaftliche Probleme hatten, Fremde beherbergen. Die Aufklärung seitens der Politiker war und ist bis heute gleich Null. Und ohne Aufklärung der Vernunft nehmen die primitivsten Instinkte Oberhand, und wenn sie von Menschenhassern geschürt werden, dann ist der Weg zum Fremdenhaß nicht mehr weit. Eine genaue Analyse würde hier zu viel Raum beanspruchen, aber das sind in Kürze ein paar Elemente, die zu dieser Hysterie führen, die ein Fußballtor manchmal auslöst.

Braucht man, um als Fremder in unserem Land leben zu können, eine „gepanzerte Haut", wie Ali in der Erzählung gleichen Titels? Anders gefragt: Haben auch Sie entwürdigende Erfahrungen in unserem Land gemacht? Wurden auch Sie wegen Ihres Aussehens angefeindet oder beleidigt? Und noch einmal anders gefragt: Schützt die Panzerhaut wirklich? Ich meine: Nur wer Verletzungen registriert, kann sich dagegen wehren ...

Die gepanzerte Haut hilft gar nicht. Sie ist trügerisch. Wer sich wegen der Hautfarbe, der Zugehörigkeit zur EU, der Religionszugehörigkeit als etwas Besonderes vorkommt, wird eines Tages brutal aus seinem Schlaf geweckt. Fremdheit läßt sich nicht tarnen. Doch sie wird zur Bestie, wenn man sie nicht zähmt. Ich habe sie mit einem Löwen verglichen, dem der Dompteur ein paar Kunstnummern abgewinnen kann, den er aber keine Sekunde aus den Augen verlieren darf, denn sonst wird er ihn in Sekunden zerfleischen.

Wer zu sensibel, zu edel, zu erhaben, zu engelhaft ist, wird nicht lange fremd bleiben. Entweder gibt er seine spezifische Identität auf und rettet seine edle noble Seele, oder er wird untergehen.

Nicht Panzerhaut, sondern starke Nerven verlangt die Fremde. Wenn einer wie ich so oft herumreist und öffentlich auftritt und in fünfundzwanzig Jahren dreimal verbal und körperlich angegriffen wird, ist das nicht tragisch. Ein einziges Mal war es lebensgefährlich, auf dem Weg nach Gütersloh. Ich wurde im Zug angegriffen und wehrte mich erfolgreich. Nicht ich, sondern meine zwei Angreifer wurden gedemütigt. Ich trug eine Verletzung am Schienbein davon und mußte sie ignorieren, da ich eine halbe Stunde später einen großen Auftritt vor Kindern hatte, und in der Lesung vergaß ich angesichts von so viel Liebe und Lachen mein Bein und den Zug.

Nein, das hat mich weniger beleidigt als die Feindschaft der besseren Kreise.

Ein Erlebnis von vielen: Ich war mitten in einer Erzähltournee, bei der ich einsam von Ort zu Ort zog mit der Hoffnung im Herzen, daß ich meine Literatur so am besten vertrete und meiner kulturellen Aufgabe als Vermittler gerecht werde, und plötzlich erfahre ich, daß mein ehemaliger Verlagsleiter und sein Partner offensichtlich beschlossen haben, „mich kleinzukriegen". Vorausgegangen war ein Streit. Ich hatte zwei Jahre lang kein Honorar gesehen. Nach mehreren Mahnungen bot mir einer der Verleger auf einem seltsamen Spaziergang bei

Dortmund statt Honorar eine Beteiligung am Verlag an. Unterschwellig drohte er damit, wenn ich mein Honorar verlangen würde, würde der kleine Verlag Konkurs erklären, und ich hätte nichts davon. Ich lehnte ab, weil ich *nur* Autor sein wollte, und schaltete einen Rechtsanwalt ein, der den Verlag binnen Tagen zwang, mit mir eine verbindliche Abmachung zu treffen, nach der sie mir das Honorar in monatlichen Raten zahlen mußten.

Ich erfuhr von diesem für mich unglaublichen Beschluß im Verlag durch Zufall und wirklich nur, weil ich immer genau zuhöre, was andere im Nebensatz leise erzählen. Man könnte mich geradezu als großen Liebhaber von Nebensätzen bezeichnen. Überhaupt steckt das Wichtigste meiner Literatur nur in Nebensätzen. Als ich dann von zwei Buchhändlern in zwei verschiedenen Bundesländern hintereinander erfuhr, daß die Vertreter des Verlages nichts Gutes von mir erzählten, fühlte ich eine Verlassenheit, wie ich sie bisher noch nicht kannte. Es war niederschmetternd. Das war keine pöbelhafte Schlägerei in einem Zug, das war kein Besoffener wie in Heidelberg, der mir seine vom Alkohol entfesselte Dummheit ins Gesicht geschrien hatte. Nein, das war ein kalkulierter Generalangriff auf meine Existenz.

Ich vergewisserte mich dann bei einem ehrenhaften Vertreter des Verlages, der gegen diese Kampagne war. Er bestätigte mir, daß dieses „Kleinkriegen" in der Vertretersitzung besprochen worden war.

Bleiben wir noch ein wenig bei dieser Erfahrung, die Sie als niederschmetternd empfanden, wobei solche Erfahrungen natürlich auch deutsche Autoren machen können, vor allem wenn sie neu im Verlagsgeschäft sind. Wie haben Sie sich gewehrt?

Ich fuhr am darauffolgenden Wochenende, als ich eine kleine Verschnaufpause hatte, nach Frankfurt und beriet mich mit einem klugen Freund, und wir fanden einen guten Weg: Nerven behalten und noch bessere Lesungen gestalten und damit das Publikum gewinnen. Und ob Sie es glauben oder nicht, ich bin von diesem Gespräch zurückgekehrt, und ich fühlte eine regelrechte Sehnsucht nach der nächsten Lesung. Es ist mir bis heute gegenwärtig. Die Lesung war in Erlangen, und sie wurde zu einem traumhaften Erfolg. Nach der Lesung eilte ich zum Hotel und wechselte meine Wäsche, sie triefte von Schweiß, als ob ich ins Wasser gefallen wäre, obwohl es doch Winter war. Danach genoß ich den Wein mit dem sympathischen Buchhändler und seinen Mitarbeiterinnen, und ich lachte mich innerlich tot über die Verwunderung des Verlagsleiters, der in den nächsten Tagen erfahren mußte, daß ihre Intention nicht nur ins Leere gelaufen war, sondern sich ins Gegenteil verkehrt und zu einem Triumph für mich geführt hatte.

Heute ist das eine Erinnerung, aber damals war es gefährlich. Ein Fehler hätte in dieser Phase genügt – und meine Laufbahn als Schriftsteller wäre, wenn nicht beendet, so doch gefährdet gewesen.

Von lächerlichen Versuchen einiger anderer, die – wie einmal in Frankfurt – zu meiner Lesung kamen, mit versteinerten Gesichtern dasaßen, um mir danach vor dem Publikum zu sagen, daß das, was ich mache, keine Literatur sei, möchte ich nicht viel reden, weil mich das überhaupt nicht berührte. Literaturexperten und Liebhaber der Weltliteratur im Publikum übernahmen mit Witz und Charme die Zurückweisung und nannten den Adorno, Marx und Murx Zitierenden „einen im Herzen verknöcherten Langweiler, der Probleme hat, zu genießen".

In Ihrem Buch Der brennende Eisberg *charakterisieren Sie das Verhältnis der Deutschen gegenüber den Fremden und schreiben, der Fremde sei in Deutschland entweder als Sieger oder als Besiegter bekannt und der Umgang mit beiden leicht ableitbar aus ihrer jeweiligen Machtstellung. Sie begründen dies historisch und folgern daraus, der Umgang mit den Fremden müsse in unserem Land erst erlernt werden. Aber: Wie kann er überhaupt erlernt werden? Im gleichen Buch von Ihnen taucht die Kennzeichnung der Deutschen als „heimatlose Nationalisten" auf. Ich stimme Ihnen zu, daß die gestörte Identität der Deutschen eine Ursache ihres häufig anzutreffenden Selbsthasses ist. Darf ich Ihnen deshalb die gleiche Frage stellen, die schon Nietzsche als eine niemals aussterbende charakterisiert hat: Was ist deutsch?*

Die Frage kann ich genausowenig beantworten wie Nietzsche. Aber man kann den Umgang mit dem Fremden lernen. Man muß auch den Deutschen erlauben, sich Zeit dafür zu nehmen, um das Leben mit Fremden behutsam zu lernen und nicht auf Befehl und unter moralischem Druck.

Man lernt aber nicht durch den „Tag des ausländischen Mitbürgers", eine Erfindung eher des Gewissensbisses der Institutionen als der Aufklärung. Eine große Aufgabe kommt den politisch Verantwortlichen zu, der Lage adäquat zu reagieren. Man kann nicht aus Rücksicht auf eine bestimmte Wählerschaft sagen: Deutschland ist kein Einwanderungsland, und dabei vergessen, daß es inzwischen dritte und vierte Generationen von Ausländern gibt, die nur Deutschland als Heimat kennen. Insofern sind diese Sprüche, nüchtern betrachtet, nicht nur menschenverachtend gegenüber den Fremden, sondern ein Betrug gegenüber der deutschen Bevölkerung. Denn die Politiker wissen und akzeptieren es auch, daß diese Generationen der Ausländer nicht mehr zurückkehren wollen bzw. können. Andere übertreiben wiederum in der Gegenrichtung und wollen beinahe den Touristen, die in Frankfurt zwischenlanden, ein Wahlrecht zusprechen, was wiederum eher zu einer Hetze gegen die Ausländer führt, als für die Entspannung sorgt. Das ist nur ein Beispiel für die vielen Fragen und Probleme, die die Politiker aller demokratischen Parteien, über die Grenzen und Opportunität des Augenblicks hinaus, miteinander eindeutig regeln müssen, damit die Mehrheit der Bevölkerung, die diese Parteien wählt, richtig orientiert wird. In Deutschland wird die Bevölkerung bei solchen Fragen in der Regel allein und im Stich gelassen.

Haben Sie auf Ihren Vorschlag, in unserem Lande einen Minderheitenrat einzurichten, überhaupt ein Echo erhalten? Wenn ja, wie sah dieses Echo aus? Könnten Sie diese Idee eines Minderheitenrates vielleicht noch konkreter fassen?

Leider erhielt ich keine offizielle Reaktion darauf. Der Grund liegt in der gespannten Lage zwischen In- und Ausländern. Inoffiziell erhielt ich viel Lob und Kritik. Die Ausländer empfinden einen solchen Rat als zu wenig, den Inländern geht er zu weit. Und nichts in Deutschland ist so dringend nötig wie dieser Rat.

Ich habe auch nur die Grundlinie entworfen, da das genaue Bild des Rates, seine Arbeitsgebiete und Aktivitäten, einer breit angelegten und gründlichen Diskussion bedarf und niemals dem Kopf eines einzigen Menschen entspringen kann. Aber die Grundlinie des Gedankens kann ich gerne erläutern:

Ein Minderheitenrat soll wegen der Effektivität aus einer kleinen Anzahl von kompetenten Ausländern und Ausländerinnen, die die Mehrheit des Rates bilden, bestehen. Die Minderheit soll aus Deutschen bestehen. Alle Mitglieder dieses Rates engagieren sich in der Frage des Zusammenlebens der Deutschen mit den hier lebenden Minderheiten. Sie arbeiten im Rat unentgeltlich.

Der Rat übt keine exekutive Macht aus, sondern seine Aufgabe ist ethischer und aufklärerischer Natur. Er berät Politiker bei ihren Entscheidungen und informiert Parlamentarier, Industrielle und Ämter, Verwaltungen und Ausbildungsstätten sachlich, professionell und aus erster Hand über die Lage der Minderheiten, ohne Sentimentalität, ohne Parteifilter, ohne auf die Wählergunst zu schielen und ohne opportunistische

Scheuklappen. Der Rat erarbeitet Minimalprogramme der Aufklärung in Schulen, Wohngebieten und Betrieben, erstellt und fördert Studien und stellt schnelle Kontakte zwischen den Gruppen her, die in diesem Bereich tätig sind. An erster Stelle aber gründet der Rat eine Zentrale der Dokumentation über alle Bereiche des Zusammenlebens zwischen Deutschen und ihren Minderheiten. In ihr werden positive Erfahrungen gesammelt und als Tips weitergegeben. Negative Erfahrung, rassistische Übergriffe und Unrecht gegen die Minderheiten werden öffentlich angeprangert. Je glaubwürdiger dieser Rat vorgeht, um so mehr Gehör wird er in der Bevölkerung und den Medien finden. Er koordiniert die Aktionen der Aufklärung, damit beispielsweise eine notwendige und aufwendige Schrift nicht an vielen Orten und immer wieder neu erstellt werden muß.

Der Rat gestaltet seine Aufgaben ohne Larmoyanz und Wehleidigkeit, auch nicht gegen die Deutschen, sondern gemeinsam mit ihnen gegen die Feinde der Menschheit. Er erpreßt die Deutschen nicht mit ihrer Vergangenheit, sondern bietet ihnen eine, wenn nicht die einzige Möglichkeit an, in ihrer Gegenwart mit den Fremden zusammen eine demokratische Zukunft behutsam aufzubauen, die die Wiederholung der Nazi-Barbarei unmöglich macht. Zu den Hauptaufgaben dieses Rats gehört es zum Beispiel, die brennenden Fragen des Zusammenlebens öffentlich und offen zu diskutieren. Damit der Rat unabhängig bleibt, muß er nach Fördermitgliedern suchen. Je mehr Unterstützung der Rat erhält, desto effektiver werden die Arbeit seiner Gruppen und die dafür notwendigen Recherchen vorangetrieben. Hier kann die deutsche Industrie ihren Beitrag leisten, um die Folgen der Einwanderung, die zum größten Teil in ihrem Interesse stattfand, nicht allein der Gesellschaft zu überlassen. Auch die Kirchen können entscheidend mithelfen, den Rat zu einem Forum, zu einem Keim des Lebens werden zu lassen.

Hauptaufgabe des Rates ist aber die Kinder- und Jugendarbeit. Er kann Spiele, Bücher, Treffen, Kontakte empfehlen, die fern jedweden kommerziellen Mißbrauchs sein müssen.

Ich bin sicher, daß hierfür genug Leute gefunden werden können, die ein solches Vorhaben unterstützen. Ich schlage nicht nur einen solchen Rat vor, ich bin bereit, seine Arbeit auch finanziell unterstützend zu begleiten, weil ich weiß, daß das ganze Geld nicht so viel Wert hat wie das Lachen der Kinder, der deutschen und der ausländischen. Und ich bin sicher, ich bin mit dieser Haltung nicht allein.

4.
Als Araber in Deutschland

„Mein Weg führte ins Exil, in dessen Labyrinth ich immer noch und nicht ohne Vergnügen lebe." So haben Sie einmal geschrieben und sogar hinzugefügt, daß Sie in diesem Exil „wie im Bauch der Mutter geborgen" seien. Trotzdem träumen Sie vom Ausgang aus dem Labyrinth des Exils. Meinen Sie damit die Heimkehr, und wäre sie wirklich noch Heimkehr nach so langer Zeit? Bezeichnen Sie deshalb den Ausgang als eine Fata Morgana?

Eine Rückkehr wird es für einen Menschen im Exil nie geben. Die Koordinaten verändern sich, sowohl was seine persönliche Entwicklung als auch die Entwicklung in seiner Ursprungsheimat angeht. Aber Erlösung vom Schicksal des Exils muß nicht automatisch die endgültige Rückkehr bedeuten. Die Heilung der Exilwunde kann auch anders geschehen, im Finden einer neuen Heimat im Fluchtort oder durch Aufhebung der Verfolgung und anderer Unmenschlichkeiten im Ursprungsland. Mit anderen Worten: Wenn die Tore der Ursprungsheimat für die exilierten Menschen wieder offenstehen, ohne jedwede Bedingung und frei von jeder Gefährdung, so daß also auch eine zeitweise Berührung mit den Orten der Erinnerung möglich wird, dann wäre das schon eine Hilfe. Konkret in meinem Fall: Ich kann mir nicht vorstellen, daß ich auf Dauer in Syrien, in Damaskus leben will und kann. Das Exil hat mich auch von viel Ballast befreit, der mich in Syrien wieder belasten würde. Aber ein jährlicher Besuch wäre Balsam für meine Seele. Wenn ich das tun könnte, wäre ich ab diesem Tag nicht mehr im

Exil, sondern gerne in Deutschland und zwischendurch in Damaskus.

Und doch habe ich den Eindruck, vor allem nach der Lektüre Ihrer Rede in der Frankfurter Johann-Wolfgang-Goethe-Universität (1996), daß Sie einsam waren, ja beinahe am Ersticken, kurz bevor Sie Ihr Land verlassen haben, oder stimmt meine Vermutung nicht?

Ich fühlte mich sicher manchmal einsam. Aber noch öfter bedrückte mich das Gefühl, in eine Sackgasse geraten zu sein und nur Mauern um mich zu sehen. Das hat mich fast erstickt. Ich las sehr viel und hatte Sehnsucht, in Freiheit meine Geschichten zu erzählen. Das war die eigentliche Ursache dafür, daß ich ausgewandert bin. Verbot und Verfolgung standen in meinem Land damals auf der Tagesordnung. Ich war als junger Autor aus einer unbekannten Familie praktisch entrechtet. Mir konnte keiner etwas vormachen. Ich habe die Biographien unserer Herren – „arabische Revoluzzer" und „Möchtegerne-kritische-Dichter" – genau studiert. Sie stammten immer – welch ein Zufall! – aus herrschenden Familien. Sie wanderten zwar ins Gefängnis wegen der Frechheit eines Gedichtes, aber bald holte sie ihr Schwager, der zufällig der Geheimdienstchef war, wieder heraus, und sie zeigten die Allüren einer gestreßten Filmdiva. Ein anderer schrieb drei Tonnen Lob auf die Regierung, widmete seine Romane andauernd Präsidenten, und das war peinlich in einem Land, dessen Präsidenten bald von den nächsten Putschisten oder einfach von der Geschichte als Verbrecher gebrandmarkt wurden, und dann wagte dieser Speichellecker eine Kolumne in der staatlichen Zeitung, die höflich um etwas Demokratie bettelte. Und dann hieß es im ganzen Land, der Dichter sei in Ungnade gefallen und des Landes verwiesen. Siehe da, zufällig war der Herr in Paris oder Florida, und es fühlten sich weder Dichter noch Regierung zu einer Erklärung veranlaßt, warum und wie dieser Dichter wieder mitten in Damaskus saß und weiter schrieb, als ob nichts gewesen wäre. Nur zufälligerweise war dieser Dichter mit der Tochter eines Saudis verheiratet, der Millionen in Syrien investiert hat. Oder war er der Bruder eines Autohändlers, der zufällig mit dem Schwiegersohn des Innenministers eine große Import-Export-Firma besaß?

Die dritte Variante, die einem Dichter offensteht, um einen charakterlosen Märtyrer zu spielen: Er ist ein fanatischer Anhänger der Machthaber in Damaskus und läßt mit sich über Fehler der Regierung überhaupt nicht reden. Seine Gedichte sind schreiende Demagogie, aber man sagt hinter vorgehaltener Hand, das sei er nur offiziell, im Herzen sei er anders. Aber irgendwann einmal und ohne eine Erklärung oder Gegenerklärung des Kultusministeriums, das solche Schreihälse ernährt hat, hört die Bevölkerung die gräßliche Stimme des Dichters aus Radio Bagdad, Amman, Kairo oder der Hauptstadt X, die gerade mit Damaskus verfeindet ist. Und bedenkt man, wie viele Sicherheitsmaßnahmen ein solcher Dichter braucht, um immer schneller als der Zugriff des jeweiligen Geheimdienstes zu sein, so weiß man, warum solche arabischen Dichter keine einzige Zeile Weltliteratur produzieren können. Wo sollten sie auch die Zeit dafür finden? Es gibt unter der Gattung dieser Dichter einige Rekordhalter, die fünfmal und noch häufiger die Fronten zwischen Damaskus und anderen Hauptstädten *unbeschadet* gewechselt haben.

Hat man ein Rückgrat und stammt aus einer Gasse, die seit zweitausend Jahren außer Paulus noch keine Berühmtheit und keine Mächtigen oder deren Verwandte beherbergt hat, so muß man dem Staat ausweichen. Alles andere wäre Selbstmord.

Ich wußte genau, wenn ich in diesem Land das schreiben würde, was ich schreiben will, käme ich nie lebend aus dem Gefängnis.

Waren Sie von Anfang an politisch exiliert?

Nein, aber ich wollte nicht zurückgehen, weil ich den Krieg und den Militärdienst absolut ablehnte. Das hatte am Anfang überhaupt keine politischen Gründe, sondern war von der christlichen Erziehung meines Vaters getragen. Mein Vater betonte immer, daß kein Mensch das Recht hat, das Leben eines anderen zu beenden, das ihm Gott geschenkt hat, und er betrachtete alle Beteiligten eines Krieges mit Abscheu. So etwas wie Nationalismus kannte mein Vater nicht, und diese Einstellung hat er auch uns Kindern mitgegeben. Keines seiner Kinder ist ein Militarist geworden. Die Hetzer im Radio, die oft vom Heiligen Krieg plärrten, machten seine Haltung glaubwürdig. (Der „Heilige Krieg" ist übrigens keine Erfindung des Islams, sondern des großen Augustinus – das nur nebenbei.)

Und mein Vater hat nicht übertrieben. Der Krieg zwischen Israel und den Arabern war der Alltag. Es gab ab 1965 dauernd begrenzte militärische Auseinandersetzungen, und ich verlor früh zwei Freunde. Es waren Weggenossen, die ich liebte. Einer war Pilot, der andere ein armer Junge, der von einer Weltreise träumte. Und immer wenn er von seiner Kaserne an der Grenze Israels auf Heimaturlaub kam, waren wir drei Jungen unzertrennlich. Und dann fuhr er eines Tages lachend in den Süden zu seiner Kaserne zurück und witzelte beim Abschied: „Nur noch 632 Tage, und ich bin frei." Der Militärdienst dauerte damals drei Jahre. Eine Woche später kehrte er als Leiche zurück. Hunderte gaben ihm das letzte Geleit und weinten auf dem Weg zum Friedhof. Ich wurde auf einen großen Marmorblock gehievt und hielt die traurigste Rede meines bisherigen Lebens.

Meine Mutter sagte mir noch Jahre später, daß sie nie richtig geglaubt habe, daß ich ein so guter Erzähler sei, wie sie es von Schülern und Lehrern gehört hatte, bis sie mich an jenem grauen Tag gehört habe. Doch ich tat in jenen Augenblicken insgeheim den Schwur, nie eine Waffe zu tragen, solange ich lebe.

Diese Haltung in einem Land zu wahren, dessen Golanhöhen besetzt sind, war nicht einfach. Ich vertrat und vertrete die These, daß Araber und Juden ziemlich dumm sind, wenn sie ihre Kraft, Wissen, Jugend und wirtschaftlichen Reserven in einem Krieg verschleißen, an dessen Ende beide Völker noch als Verlierer dastehen werden. Sie werden sich in die Rückständigkeit bomben, während andere Völker mit der Lösung der Zukunftsfragen beschäftigt sind. Und je mehr ich gelesen habe, auch und vor allem über den Deutsch-Französischen Krieg, um so einsamer und noch fanatischer gegen den Krieg wurde ich. Das war der zweite Grund für meine Entscheidung, das Land zu verlassen.

Warum entschieden Sie sich, nach Deutschland zu gehen? Von Ihrer Erziehung her wäre doch Frankreich naheliegender gewesen?

Es war die gnädige Hand meiner Fee, die mich nach Deutschland geführt hat. Feen haben so ihre Art. Ich wollte nach Frankreich, doch die französische Botschaft stellte unmenschliche Bedingungen, wonach nur Söhne der Superreichen ein Visum bekommen konnten. Ich mußte also schnell handeln, bevor man mich zum Militär rief. Ich schrieb nach Deutschland und bekam drei Studienangebote – was für eine Zeit war das damals! Nach Berlin wollte ich nicht, weil die Stadt mir wie eine künstliche Militärinsel vorkam. Göttingen erschien mir auf meiner winzigen Karte zu nahe an der Grenze zur ehemaligen DDR, und deshalb wählte ich die dritte Einladung: Heidelberg, ohne zu ahnen, wie schön und wie berühmt diese Stadt und ihre Universität waren. Die Deutschen waren sehr freundlich und schnell bei der Erledigung meiner Papiere, und so landete ich eines regnerischen und grauen, eiskalten Morgens in Frankfurt am Main. Von dort nahm ich den Zug erst nach Karlsruhe, wo ich einen Bekannten besuchte, und ein paar Tage später fuhr ich nach Heidelberg.

Dort haben Sie dann studiert und auf Baustellen, im Restaurant und am Fließband gearbeitet?

Und vor allem gelebt und geliebt und gelacht und vor dem Stempel der Aufenthaltserlaubnis gezittert. Es war eine turbulente Zeit, in der ich aber täglich weiter an meinen Geschichten schrieb. Das war, wenn Sie so wollen, meine Konstante. Vieles änderte sich, aber meine Sucht nach Lesen und Schreiben nicht. Heidelberg war dafür ideal. Viele kritisieren den Tourismus und die aufgetakelten Fassaden dieser Stadt, doch ich muß sagen, es gibt wenige Städte, die ich so mag wie Heidelberg. Und bei Menschen und Städten, die ich mag, bestehe ich nicht darauf, daß sie tadellos sind.

Sie haben, etwas belustigt, den Pessimismus der Deutschen kritisiert und festgestellt, daß die Orientalen, verglichen mit den Deutschen, Anfänger im Übertreiben seien: „Stöhnten andere Völker den deutschen Jammereinheiten entsprechend, würden die Berge zittern!" Das war vor einigen Jahren, inzwischen sind die Berge zu riesigen Gebirgen geworden. Welche Rezepte empfehlen Sie den Deutschen gegen ihre Übertreibungen?

Die Deutschen neigen zum Selbsthaß, und das ist eine merkwürdige und gefährliche Parallele zu den Ausländern in diesem Land. Diesen Selbsthaß müssen wir in uns – und nicht bei der anderen Seite – abbauen. Man kann nicht sich selbst hassen und einen Wildfremden lieben. Der Umgang mit einem Franzosen, Engländer, Italiener, Spanier oder Araber ist oft schwierig, aber diese nur als Beispiel genannten Völker leiden nicht unter Selbsthaß. Im Gegenteil. Ich bin wegen meiner antinationalistischen Haltung exiliert und fühle eine tiefe Verachtung gegen jede Art Nationalismus. Doch wenn einer von Damaskus schwärmt, kann ich ihn nur ermuntern, weiterzusprechen, und ich fühle ein Glück, denn es ist wahr: Syrien ist ein wunderschönes Land, und Damaskus die schönste Perle des Orients. Ein Franzose, ein Italiener, ein Engländer, ein Grieche oder Spanier reagiert genau so. Deutschland ist als Land in vieler Hinsicht schön und in manchen Landstrichen paradiesisch. Aber haben Sie einmal versucht, einem Deutschen zu sagen: Deutschland ist schön? Er wird rot, als ob man ihm etwas Unanständiges gesagt hätte. Ich bin nicht sicher, aber das Wort „Fernweh" kann eigentlich nur ein Deutscher erfunden haben. Auf Arabisch gibt es kein Äquivalent dafür.

Dieser Wille zur Flucht, gekoppelt mit einer übertriebenen und zum größten Teil irrationalen Sorge um den *Bestand* Deutschlands, macht die Deutschen zu den heimatlosen Nationalisten, die Sie vorhin zitiert haben. Dabei sind die Deutschen eines der reichsten Völker der Erde. Die einzigen, die das nicht wissen, sind die Deutschen selbst.

Ich bin seit fünfundzwanzig Jahren in diesem Land, und in all diesen Jahren gab es keinen Tag, an dem die Deutschen sagten, es gehe ihnen gut. Alle sagen, daß es dem Land schlechtgeht und daß es ihm bald noch schlechter gehen würde. Ja, was sollen dann Franzosen, Italiener, Spanier, Portugiesen, Griechen, Engländer oder Schweden, Dänen und Österreicher sagen? Ich könnte die Liste um weitere 120 Länder erweitern, doch das überzeugt weniger. Denn wenn ich so etwas erwähne, dann lautet die Antwort: Ja, aber die Japaner produzieren billiger, und gerade erst haben die Schweizer die Arbeitslosigkeit auf weiß der Teufel welche Prozente hinuntergedrückt.

Ich habe bei Gott keine Rezepte, aber etwas Gelassenheit, etwas weniger Sentimentalität, etwas mehr Selbstironie, etwas mehr Nüchternheit bei der Betrachtung der Dinge, das würde nach meiner Meinung den Deutschen gut stehen.

Wie wurden Sie in unserem Land aufgenommen? Wie trat Ihnen die Fremde entgegen?

Nun, in Deutschland war mir einiges an Verhaltensmustern der Angehörigen der Mehrheit vertraut, und das hat meinen Alltag hier erleichtert, doch zum ersten Mal in meinem Leben mußte ich lernen, mit begrenzter Aufenthaltserlaubnis zu leben. Das höchste war ein Jahr, und zwischendurch mußte ich wochen- und monatsweise die Erlaubnis verlängern, wenn irgend etwas nicht stimmte, eine Bescheinigung fehlte oder der Paß bei der Verlängerung in der Botschaft länger gelegen hat. Diese Angst kannte ich in Syrien nicht. Ich kam aus der Behörde immer wie ein Schmuggler, der sich und seine geheime Ware über die Grenze gebracht hat, und ich erinnere mich heute noch daran, daß ich den Erhalt des Stempels mit mindestens einem Espresso gefeiert habe. Welch eine Erleichterung fühlte ich, nur weil ich dort weiter leben durfte, wo ich leben mußte. Das war mir auch neu. Bei Ablehnung der Verlängerung meiner Aufenthaltserlaubnis lag ich wach im Bett und konnte, obwohl ich erschöpft war, nicht schlafen. Wohin hätte ich gehen sollen, wenn die Behörden mich auswiesen?

Ich war ohne Mittel, und nach Arabien zurück wollte ich nicht. Und als ich 1985, nach fünfzehn Jahren Aufenthalt also, um ein Haar ausgewiesen wurde, war das für mich eine böse Überraschung.

Wie ist das passiert?

Die syrische Botschaft hatte meinen neuen Paß ein paar Tage später als das Ende des alten Passes datiert. Das heißt, ich hatte arglos mehrere Tage ohne Paß gelebt, und das galt als grober Verstoß gegen das Ausländerrecht. Ich wies der Behörde nach, daß ich die vier Tage auf Schullesungen gewesen war und vor mehreren Tausend Schülern Geschichten erzählt hatte. Vergeblich. Es half mir auch nicht, daß ich ununterbrochen seit 15 Jahren in Heidelberg gelebt hatte. Sogar die syrische Botschaft zeigte sich großzügig, obwohl sie mich nicht ausstehen konnte, und gab den deutschen Behörden eine offizielle Erklärung, daß sie allein die Schuld für die verspätete Datierung trug. Doch diese Behörde ließ sich von einem Experten für Völkerrecht am Heidelberger Max-Planck-Institut ein Gutachten erstellen, das besagte, daß die syrische Behörde den Fehler nicht mehr korrigieren durfte. Es war eine schlimme Situation für mich. Dann aber habe ich mit der Hilfe eines Rechtsanwalts meine Aufenthaltserlaubnis doch bekommen, und ich bin dageblieben. Auch ein solches Faktum muß man laut erzählen: daß ich quasi als Fremder gegen den Staat gewonnen habe. So etwas ist in Arabien nicht möglich. Aber die Tage vor dem Urteil waren voller Angst. Diese Variante von Angst kannte ich noch nicht. Aber seit dieser Erfahrung verstehe ich, warum Verfolgungswahn eine der häufigsten seelischen Erkrankungen unter den Ausländern ist.

Eine weitere negative Überraschung war für mich die Aggression der offiziellen Medien gegen die Araber. Weder Afrikaner noch Inder oder Indianer werden *bis heute* so oft beleidigt wie die Araber. Das hat komplizierte, politische und historische Gründe und ist absolut verwerflich. Der Haß gegen die Araber ist ein Zwillingsbruder des Antisemitismus, doch leider ist dieser Zusammenhang vielen klugen und bornierten Intellektuellen nicht klar.

Am Anfang war das für mich wie ein Schock. Gerade hatte ich angefangen, Deutsch zu verstehen, und langsam fing ich an, die Filmdialoge zu begreifen. Ich dachte anfangs, die öffentlich-rechtlichen Anstalten, die damals allein das Monopol des Fernsehens besaßen, würden von Nazis geführt. Meine Kollegen aber schockierten mich mit einer schlimmeren Wahrheit, daß die Leitung dieser Anstalten proportional von Parteien, Gewerkschaft und Kirche beaufsichtigt werde. Ich fand und finde es bis heute beschämend, daß auch heute noch in privaten wie in den öffentlich-rechtlichen Fernsehanstalten solche Hetzfilme gegen Araber und Muslime laufen, ohne daß die Zuschauer die Absetzung der Verantwortlichen verlangen. Daran hat sich bis heute nichts geändert, doch damals war das wie ein Schock für mich, im Fernsehzimmer des Wohnheims zu sitzen und zu erleben, wie sich Studenten vor Lachen bogen, wenn irgendeine Karikatur eines Arabers in den amerikanischen oder deutschen Filmen wie ein Affe agierte, seine Frau schlug, ein Messer im Mund trug und dauernd Bomben legte. Dazu sprach er ein Arabisch, das nur in solchen Filmen gesprochen wird und das kein Araber versteht. Sicher, auch in Arabien gab es und gibt es Idioten, die sich immer wieder zu Wort melden und meinetwegen die Christen angreifen. Aber man erfuhr dort unmittelbare Solidarität von den muslimischen Nachbarn, die sich von einem solchen Idioten distanzierten. Hier hat der Fremde kaum helfende Nachbarschaft. Hier regen sich nicht einmal die Grünen, geschweige denn die SPD, die CDU, die CSU oder die Kirchen darüber auf, daß die Araber in den Medien nachweislich dauernd beleidigt werden. Das vernachlässigen diese großen gesellschaftlichen Organisationen nicht aus Rassismus oder bösem Willen. Das ist schlicht der Beweis für die Unerfahrenheit der Deutschen mit Fremden. Denn wenn ich Angehörige dieser Gruppen im Gespräch darauf aufmerksam mache, finden auch sie es beschämend und wundern sich, daß so etwas überhaupt möglich ist.

Aber diese negativen Erfahrungen waren nicht das einzige, was mir in Deutschland begegnete. Bereits am ersten Tag lachten mich Frauen und Männer an. Bereits am ersten Tag reichten mir Deutsche die Hand, und als es 1985 mit der Ausweisung akut wurde, fand ich auch Leute, die mich liebten und bereit waren, mich zu verstecken. Das muß man laut sagen, weil es sonst unfair wäre. Diese Haltung vieler deutscher Freunde und Freundinnen gab mir immer die Kraft und Zuversicht, daß ich meine Geschichten hier in diesem Land noch weiter erzählen werde, und das geschah auch.

Was mich nach Ihrer Beschreibung verwundert: Warum unternehmen die arabischen Botschaften und die Arabische Liga nichts gegen die Beleidigung der Araber?

Die Arabische Liga in Bonn samt ihrer Botschaften interessiert eher, den neuesten Mercedes zu ergattern, als sich um die arabische Kultur und ihren Ruf in Deutschland zu kümmern. Und ich übertreibe nicht, wenn ich sage, mit meinen Romanen *Erzähler der Nacht* oder *Reise zwischen Nacht und Morgen* mehr Kulturarbeit für die arabischen Völker geleistet zu haben als alle arabischen Botschaften samt ihren Leibwächtern und Wagen.

Schon mehrfach im Verlauf unseres Gespräches habe ich die Beobachtung gemacht, daß Sie geschichtlich denken und geschichtlich argumentieren. In Ihren Erinnerungen ist nicht nur die eigene Kindheit aufbewahrt, sondern auch die jahrtausendealte Geschichte Ihrer Heimat und der Kulturen im Vorderen Orient. Heute drängt sich eher der Eindruck auf, daß Geschichte als bedrückend und belastend empfunden wird. Wir schütteln sie immer häufiger ab, versuchen geschichtslos zu leben und schaffen uns so Identitätskrisen, die wir nicht mehr lösen können. Wie beurteilen Sie diesen Verlust des historischen Bewußtseins? Oder formuliere ich hier nur die unbegründeten Ängste eines deutschen Kulturpessimisten?

Nein, gar nicht. Man kann diesen herben Verlust nicht genug beklagen. Geschichtslosigkeit entwurzelt den Menschen und macht ihn über alle Grenzen auf primitive Art gleich. Sie macht ihn gesichtslos. Das Resultat ist nicht nur ein armseliger, sondern auch ein gefährlicher Mensch. Geschichte ist nämlich ein großes Buch, auch für Analphabeten zugänglich, in dem wir lesen können, was der Mensch für Verbrechen begehen kann, wenn er jede Ethik und Moral verwirft. Die geschichtlichen Erfahrungen sind die praktischen Beispiele für Philosophie, Religion und Wissenschaft. Auch die abstrakteste Idee findet in der Geschichte ihre faßbare Verkörperung und deren Konsequenz. Und oft zeugt der Satz: „Das ist noch nicht passiert" nicht von der Armut der Geschichte, sondern vom Unwissen des Sprechenden.

Wir müssen die Geschichte in unser Denken auch aus einem anderen Grund einbeziehen: Die Zeit verläuft nicht linear, wie manche Schulbücher uns weismachen wollen. Hier ist Altertum, hier ist jüngste Vergangenheit, hier ist Gegenwart, und hier ist nahe Zukunft, und hier sind Utopie und Traum, als bestünde die Zeit, als wäre das Leben aus Zementblöcken, die man hintereinander anreiht. In Wirklichkeit mischen sich in jedem Augenblick Elemente aus tiefster Vergangenheit mit der Gegenwart und mit Traumelementen, die man auch Zukunft nennen kann. Nehmen Sie ein kleines Beispiel. In Arabien entstand vor über achthundert Jahren die sozialistisch-anarchistische Räterepublik der Qarmaten, gleichzeitig herrschte ein extremer Feudalismus arabischer Prägung, Sklavenmärkte und unglaublicher Überfluß in den Städten, in denen es mehr Buchhandlungen gab als in denselben Städten heute, und in Bagdad, Damaskus und Kairo wurde über griechische Philosophie debattiert. Zugleich waren fanatische Puritaner bewaffnet unterwegs, um die Gesellschaft Arabiens zurück zur Wüste, zum Leben im Zelt und zur Askese der Anfänge zu bringen. All das war gleichzeitig da. Traum von der Zukunft, Gegenwart und Vergangenheit. All diese Elemente beeinflussen gleichzeitig unser Leben und unser Handeln.

Die Diktatur der Norm, die zunehmend unser Leben bestimmt, betrachtet ein solches Denken als Störfaktor, weil es sich nicht in eine Norm pressen läßt. Und je geschichtsloser und gesichtsloser ein Mensch ist, um so leichter kann er genormt, d. h. versklavt werden.

Sie haben die Aggressivität der Medien gegen die Araber beklagt. Solche Zerrbilder werden ja auch von anderen Ländern und Völkern entworfen. Ich denke hier nur an die Vorurteile, die bei uns über die Polen im Umlauf sind. Dagegen hilft wohl nur eine mühsame, möglichst sachliche Aufklärung, die alle Karl-May-Klischees und fundamentalistischen Ängste widerlegt. Deshalb möchte ich Sie gerne sehr direkt fragen: Wie verwenden Sie selbst den Begriff des Arabers, und auf welche Weise verstehen Sie sich selbst als Araber?

Wenn ich vom Araber im Zusammenhang der Feindseligkeit spreche, dann meine ich genau das Klischee, das in den Köpfen fest verankert ist. Es ist die sorgfältig erzeugte Karikatur eines häßlichen Menschen, der über Macht (Erdöl, Geld und Waffen) verfügt, sehr sinnlich lebt (Freßorgien und Harem), gewalttätig ist (krummes Messer und Säbel; Alternativen: Handgranaten und Raketen) usw.

Daß man darin den puren, aber straffreien Antisemitismus wiederfindet, macht jede Begründung dieser Darstellungen, sei es in Bild, Film oder Witz, unglaubwürdig.

Die Araber bewohnten ursprünglich die Arabische Halbinsel (heutiges Saudi-Arabien, den Jemen und die Golfstaaten bis hinauf zum Irak und Teile von Syrien und Palästina). Durch den Aufstieg der Araber zu einer Weltmacht dehnte sich ihr Reich von den Grenzen Chinas über den ganzen Orient bis nach Südfrankreich aus. In diesem Riesenreich kam es infolge der Koexistenz (die von Duldung bis zur freundschaftlichen Beziehung reichte) mit anderen Völkern zu einer großen Assimilation von Völkern, so daß es heute sehr schwer ist für einen Ägypter, Marokkaner, Iraker, Syrer und Libanesen (alle sind Araber) zu sagen, ob er tatsächlich von den Arabern aus der Wüste stammt oder ob er nicht eher zu einem guten Teil Grieche, Perser, Berber, Afrikaner, Italiener, Spanier oder Franke (die Kreuzzüge dauerten immerhin 200 Jahre) ist.

Ich selbst bin Aramäer, doch solange ein Araber angegriffen wird, werde ich laut rufen, ich bin Araber.

Können Sie mir noch mehr von den Eindrücken erzählen, die Sie nach Ihrer Auswanderung in Deutschland sammelten? In der Fremde – das ist eine oft wiederkehrende Erfahrung – wird man sich der eigenen Herkunft schärfer und schmerzhafter bewußt. Gleichzeitig muß man sich in die Fremde einfühlen und einleben. Wie haben Sie diese Spannung empfunden, oder soll ich lieber sagen: ausgehalten?

Wie in einem merkwürdigen Labyrinth, dessen Minotaurus aber nicht durch die Gänge streift, sondern die Ausgänge bewacht. Die Gänge im Labyrinth sind kalt, und deshalb träumt man oft von der Gasse der Kindheit und erhöht die Erinnerung ungewollt zu einer Idylle. Doch auch eine merkwürdige Befreiung erfährt der Fremde im Labyrinth des Exils. Die Entwurzelung von Familie und Heimat ist schmerzhaft und kann sogar tödlich werden. Doch sie trägt in sich den Keim einer Befreiung, einer Wiedergeburt. Ich war nie so mutig wie im Exil. Wenn man nämlich begreift, daß man alles verloren hat, kann man sehr ängstlich oder sehr mutig werden, Mittelmaß stirbt im Exil vor dem ersten Stempel im Paß.

Die Verluste eines Menschen im Exil sind enorm. Man verliert die wichtigste und teuerste Voraussetzung aller menschlichen Kulturen, die Zugehörigkeit zu einem Ort und dessen Bewohnern. Vor allem aber verliert der Mensch im Exil die Gleichzeitigkeit des Zeitganges mit seinen Angehörigen. In dem Augenblick, in dem man seine Angehörigen verläßt, verläßt man auch ihre Zeit. Das eigene Leben folgt nun anderen Rhythmen und Geschwindigkeiten, und kurze Zeit nach seiner Abreise stellt man fest, daß man nun in einer anderen Zeit lebt. Und kehrte man zurück, so würde man sich noch schlechter daheim zurechtfinden als in der Fremde, in deren Zeit man gelebt hat.

Doch oft ist nicht die Sehnsucht nach der Ursprungsheimat das Problem, sondern das Scheitern in der neuen Heimat, das erst recht die Sehnsucht zur täglichen Folter und Beruhigungstablette macht. Das Scheitern in der Fremde hat viele subjektive und objektive Gründe. Der wichtigste subjektive Faktor des Scheiterns eines Menschen im Exil oder in der Fremde ist die Starre der Seele gegenüber dem Neuen. Man kann beobachten, daß Kinder viel eleganter und gelassener mit der Fremde fertig werden als ihre Eltern, weil die Seele der Kinder noch nicht viele feste Bahnen kennt. Der Fremde sieht seine Wertskala auf den Kopf gestellt. Er begreift langsam, daß er von Null anfangen muß, daß die neue Umwelt noch feindlicher sein kann als jene, die er verlassen hat. Merkwürdigerweise hat diese Starre mit Bildung nichts zu tun. Ich wage sogar zu behaupten, daß die Ungebildeten – obwohl sie ansonsten schlechtere Voraussetzungen haben – in der Fremde eher überleben als die Gebildeten. Das hat viele Ursachen, denen ausführlich nachzuspüren hier zu weit führen würde, aber das ist so.

Kurz: Der Fremde will so bleiben, wie er angekommen ist, und merkt – langsam oder schnell –, daß das nicht geht. Und nun kommt der objektive Faktor, der die Misere des Fremden perfekt macht: Die Umwelt des Fremden sieht in ihm, solange der Fremde fremd bleibt, eine Bedrohung, sie möchte seine Ecken und Kanten rundschleifen. Und erst wenn sie ihn zu einer Kugel gemacht hat, die man hin und her rollen kann, erst dann beruhigt sich die Gesellschaft. In dieser Spannung lebt man, und das Schicksal des Menschen im Exil ist keine Sekunde sicher. Denn auch wenn sich einer bis zur Unkenntlichkeit runden läßt, stößt er dauernd an Ecken und Kanten, so daß er Beulen davonträgt, an denen er wiedererkannt wird – als Fremder.

Dieses Kantig-Werden, wenn man sich nicht zurechtschleifen lassen will, macht auffällig, und es grenzt aus. Vielleicht sorgt es sogar dafür, daß die Fremden sich selbst fremd und so erst richtig heimatlos werden. Darf ich Sie etwas sehr Persönliches fragen? Wenn Sie Ihre Situation damals, bei der Ankunft in Deutschland, mit jener von heute vergleichen, in einem Land der rigorosen Asyldebatten und einer entsprechenden Gesetz-

gebung: Wie würde es Ihnen jetzt ergehen? Was müßten Sie befürchten? Was dürften Sie sich überhaupt noch erhoffen?

Das Schicksal eines Exilierten oder Fremden war nie so gut, daß es hätte schlechter werden können. Ich verstehe Ihre Frage, und werde sie auch beantworten. Aber ich wollte schon zu Anfang warnen, angesichts der Verschärfung der Ausländergesetze in Europa in eine Art romantischer Verherrlichung der vorherigen Ära zu verfallen. Das als Vorbemerkung.

Wäre ich jetzt aus Syrien geflüchtet, wäre ich überhaupt nicht nach Europa gekommen. Das hat mehrere Gründe: der wichtigste liegt an mir, ich bin kein Herdenmensch, und wenn ein Ort anfängt beliebt zu werden, meide ich ihn. Ich wäre nach Afrika, Lateinamerika oder nach Australien gegangen. Aber ich kann leider die Lage der einzelnen Asylsuchenden nicht beurteilen, die sie dazu gebracht hat, Europa aufzusuchen.

Gehen wir aber jetzt auf den Kern der Frage ein. Nicht nur Deutschland, sondern das reiche Europa igelt sich gegen die übrige Welt ein. Natürlich ist es einfach, über die Deutschen zu schimpfen. Die Deutschen erleichtern einem das auch oft. Doch es ist ein billiges Schimpfen und hält einer Prüfung nicht stand. Im Gegenteil, was ihr Verhältnis gegenüber Fremden betrifft, sind die Deutschen viel besser als ihr Ruf. Die Deutschen brauchen auch keine Sorge zu haben, wenn ich in die Welt hinausrufe: Wer Exilsuchenden und Fremden gegenüber freundlicher ist, der darf den ersten Stein auf die Deutschen werfen. Doch das, was die Deutschen beruhigen sollte, beunruhigt mich außerordentlich. Ist das nicht eine Schande, daß die große Welt im zwanzigsten Jahrhundert so fremdenfeindlich ist wie zur Steinzeit? Wirklich kein einziges Land Europas kann sich rühmen, es praktiziere die Ideale der Französischen Revolution von Gleichheit, Freiheit und vor allem von der Brüderlichkeit der Menschen. Von christlicher Nächstenliebe ist Europa heute entfernter denn je. Wir Araber haben auch keinen Grund zur Häme. Wir haben nicht nur kein Asyl für Fremde, nicht einmal für Palästinenser hatten wir eine menschliche Unterkunft. Fünfzig Jahre lang wurden die Palästinenser in unmenschlichen Lagern gehalten. Die Haltung der meisten Araber gegenüber Kurden und anderen Minderheiten, die nicht einmal Asyl suchten, sondern teilweise schon vor der Eroberung durch die Araber da waren, ist beschämend. Von Amerika will ich gar nicht reden. Dieses Land suggerierte lange Jahre den Zustand eines Schmelztiegels der Kulturen, bis wir gesehen haben, daß es sich nicht um einen Schmelztiegel, sondern um eine Bratpfanne handelt, in der Fremde, Ureinwohner, Schwarze und Mexikaner von weißer Hand gepeinigt werden. Und es ist wirklich lachhaft, wenn ausgerechnet Amerika in Sachen Verfolgung den internationalen Verteidiger spielt und Noten für Nächstenliebe verteilt.

Nein, heute, so möchte ich Ihre Frage beinahe satirisch beantworten, heute möchte ich nicht auf die Flucht gehen. Aber kann man sich das auswählen?

Die Antwort lautet: nein.

Sie haben vorhin gesagt, das reiche Europa igle sich ein. Welche Erklärungen haben Sie dafür?

Weil die Politiker langsam, aber sicher erkennen, was jahrzehntelange gnadenlose Ausbeutung von ganzen Kontinenten verursacht hat, und sie ahnen nun, daß es sich nicht um einzelne politische Asylsuchende handelt, sondern um Vorboten einer Völkerwanderung größten Ausmaßes. Und diese Wanderungen werden, wenn keine radikale Lösung der Probleme dieser Kontinente in Kürze erreicht werden kann, künftig noch massiver und stürmischer sein. Dabei ist die Richtung eindeutig: Die Asylsuchenden ziehen dorthin, wo es noch etwas zu essen gibt, wo man überleben kann. Da wird bald, bei allem Respekt und meiner absoluten Verbundenheit mit den politisch Verfolgten, das Schicksal der einzelnen nichts mehr zählen. Das ist die düstere Momentaufnahme. Leider kann ich keine bessere bieten.

Was ich befürchte? Alles ist bereits zu spät, um in Lateinamerika, Afrika und Asien grundlegende Veränderungen herbeizuführen, die ein menschliches Leben dort auf Dauer garantieren und so den Sog der Metropolen schwächen.

Was ich hoffe? Ich hoffe, daß ich mich beim letzten Punkt irre.

5.
Literatur und Wahrheit

Literatur und Wahrheit – auch dieses schwierige, vielleicht das schwierigste Kapitel überhaupt in der Literatur – möchte ich ansprechen. Die Literatur erhebt zwar keinen Anspruch auf Authentizität. Aber in jeder fiktiven Geschichte, in jedem Gedicht oder Märchen, wohnt eine Wahrheit, manchmal sogar eine mißhandelte. Das entscheidet letztlich über den literarischen Rang eines Werkes. Direkt gefragt: Wie verhält es sich mit der Verkündung der Wahrheit in der Literatur?

Die Frage stellen sich alle Schriftsteller und Schriftstellerinnen, auch wenn manche das nicht zugeben oder gar nicht mehr merken. Die Antwort auf diese Frage fällt sehr unterschiedlich aus. Und mancher Dichter, der Lügen verbreitet unter dem Hinweis, er sei unpolitisch, beweist letztendlich nur, für wie wichtig diese verlogenen, verdummenden und entstellenden Dichter die Wahrheit in der fiktiven Literatur halten. Sie fürchten sie sogar mehr als in der Reportage. Im Film geschieht dasselbe. Um ein krasses Beispiel zu nehmen: Wenn ein Film unter einer Diktatur gedreht wird und die Helden und Heldinnen hintereinander in Gärten voller Rosen und Lilien dahinschweben und Wein und Fröhlichkeit besingen und zur selben Zeit in dem besagten Land Menschen wegen ihres Glaubens und Denkens, aufgrund ihres Geschlechts oder ihrer Hautfarbe gequält und ermordet werden, dann ist der Autor dieses Filmes bzw. dieses Buches kein unpolitischer naiver Rosen- und Lilienliebhaber, sondern ein gemeingefährlicher Fälscher. Das ist kraß und erleichtert die Trennung zwischen Wahrheitstreue und Verrat. Schwieriger wird es in Demokratien, die im Wohlstand schwimmen, während Kinder in der Dritten Welt den grausamen Hungertod sterben. Hier hilft auch die Haltung eines moralischen Richters wenig. Eher hat der unermüdliche Hinweis eine Chance, daß diese Demokratien keine Inseln sind, und sollten sie auch durch einen Stacheldraht von der hungernden Welt getrennt werden, so bleiben sie letztendlich auf dieser Erde und werden nicht zu einer Wohlstandsstation im All, und jede Insel wird mit Schiffen und Booten oder schwimmend erreichbar bleiben. Dieser hartnäckige Hinweis ist sicherlich ein Schwimmen gegen den Strom, aber er ist die Pflicht der Autoren aus der Dritten Welt. Und wie ich oft betont habe, ist es die Pflicht eines Fremden, der bequemen Mehrheit unermüdlich Angebote zum Dialog zu machen. Das ist seine historische Rolle. Doch einfach ist es nicht.

Warum nicht? Wo sehen Sie die Probleme eines solchen Dialogs?

Es ist ein großes Problem, spannend zu erzählen und verbindliche Sympathie für die Dritte Welt in der breiten Leserschaft der westlichen Welt zu erzeugen. Nicht bei denen, die ohnehin aufgeklärt und solidarisch mit den unterentwickelt gehaltenen Ländern sind. Es geht darum, in vielen Herzen und Köpfen der Leser aus der Siegergesellschaft ein Gefühl der Zusammengehörigkeit mit den Besiegten unserer Erde zu erzeugen, ohne auf die Tränendrüse zu drücken. (Eine falsche Metapher, die aber so populär ist, daß jeder sie versteht. Nie hat man durch Druck auf die Tränendrüsen Tränen erzeugt.)

Diese aus dem Herzen frei entstehende Sympathie ist ein großes Ziel. Und das möchte ich erreichen.

Die Helden in Ihren Romanen sind keine Draufgänger, sondern eher listige kleine Leute, die aber immer auf der Wahrheit bestehen. In Ihrem Roman Der ehrliche Lügner *geht es ei-*

nem Mann sehr schlecht, als er beschließt, allen Menschen die Wahrheit ins Gesicht zu sagen. Er verliert seine Freunde und wird verrückt. Die Wahrheit aussprechen – das kann für den anderen auch zur Provokation werden. Hätten Sie davor Angst?

Nein, das nicht, sonst wäre ich nicht seit fünfundzwanzig Jahren im Exil. Aber im Buch führe ich das Beispiel einer extremen Form der Wahrheitsliebe vor. Es grenzt an Wahrheitsbesitz und Wahrheitswahn. Ich fürchte mich vor denen, die dauernd die Wahrheit besitzen. Das sind Minidiktatoren, die auf eine Gelegenheit warten, um zu Maxidiktatoren zu wachsen. Mich fasziniert die List der Schwachen, und ich kann ernsthaft niemandem sagen, wie er seine Wahrheit äußern soll, geschweige denn den moralischen Richter spielen, weil es um das Leben des Schreibenden geht. Ich kann keinem Tunesier, Russen, Kolumbianer empfehlen, schärfer und authentischer zu schreiben, weil das eher Sensationsgelüste und nicht die Wahrheitssuche befriedigt. Die Suche nach der Wahrheit hat mit der Gier nach Sensation nichts zu tun. Ich kann hier nur für mich antworten. Meine Antwort hat mit meiner Biographie zu tun. Da ich aus einer historischen Minderheit komme, die ihre Kinder nie zum Selbstmord, sondern zum beharrlichen Widerstand erzogen hat, wähle ich nicht die Ohrfeige als Hinweis auf die Wahrheit. Mein Leben ist genug gefährdet auch ohne zusätzliche Provokationen, und ich liebe das Leben wie meinen Augapfel. Ich werde immer der Wahrheit treu bleiben und sie um Verständnis bitten, daß ich aus der Gattung der Listigen und nicht der Kamikaze-Kämpfer stamme.

Die Versuchung liegt sehr nahe, den Autor Rafik Schami und sein literarisches Werk mit klischeehaften Urteilen zu belegen. Dann werden Sie, wie im Interview einer großen deutschen Wochenzeitschrift, mit dem Verdacht des „Exotismus" konfrontiert und sogar gefragt, ob Sie sich als „Märchenonkel aus Tausendundeiner Nacht" verstehen. Ich selbst habe nie den Eindruck gehabt, daß Sie in Ihren Büchern Idyllenmalerei betreiben. Ganz im Gegenteil: Immer wieder bricht das Entsetzliche auf, immer wieder sprechen Sie beispielsweise von der Hölle der Gefängnisse, um nur ein dunkles Thema zu nennen. Worauf führen Sie dieses Mißverständnis zurück?

Erst einmal eine kleine Klärung: Der Interviewer Patrik Landolt ist ein engagierter Schweizer Journalist, den ich bewundere und achte. Seine „bösen" Fragen sollten unsere Diskussion lebendig und spannend gestalten und beispielhaft zeigen, daß Freunde auch kritisch miteinander reden können. Denn immer mehr wird die Kritik in unserer Gesellschaft degradiert, als sei sie eine Sache des Feindes und nicht auch eine unter Freunden mögliche Haltung.

Damit war meine Lage schwerer als bei einem Schmeichler, aber ich hatte die Möglichkeit zu antworten, und das tat ich, so gut ich konnte. Und *Die Zeit* hat keinen Buchstaben zensiert.

Zum anderen schreiben wir Schriftsteller, um zu veröffentlichen und um gelesen zu werden, und wer veröffentlicht, muß sich der öffentlichen Kritik und *auch* dem Mißverstehen ohne Sentimentalität und ohne Märtyrerhaltung stellen. Und das tat ich in diesem Interview. Aber woher kommt dieser Vorwurf?

Er kommt daher, daß ich trotz meiner fünfundzwanzig Jahre Exil immer noch meine Stadt Damaskus so innig liebe. Können Sie sich das vorstellen? Fünfundzwanzig Jahre, und jeden Morgen stehe ich auf und möchte am liebsten mit meiner Frau und meinem Sohn in Damaskus schlendern, Kaffee trinken und unendlich viel lachen. Der Tod meiner geliebten Mutter brachte sie mir näher. Früher war sie in Damaskus, und ich mußte an mich halten, daß ich nicht weinte, wenn sie am Telefon so zärtlich und so reich an Witz war. Die Grenze trennte uns, und ihre Krankheit erlaubte es ihr nicht mehr wie früher, nach Deutschland zu reisen. Nun ist sie bei mir, aber Damaskus kommt nicht. Damaskus ist der Duft und die Freundlichkeit der Menschen, die Gasse und der blaue Himmel. Ich höre hier aber lieber abrupt auf, sonst entsteht ein Buch der Liebe zu Damaskus.

Diese Liebe trotz der Wunde irritiert manche kritische Journalisten und Leser in Deutschland, und sie verwechseln sie mit Exotismus, Nationalismus oder Orientalismus und weiß der Teufel was für Ismen.

Ich schreibe aber meine Geschichten und besinge eine Gegend, in der eine Wiege der Zivilisation lag und wo die Geburt von vier Weltreligionen stattfand. Die Araber bauten in einer erstaunlichen Geschwindigkeit eine Weltzivilisation auf – sicher nicht ohne den griechischen Einfluß –, und sie bereicherten das erworbene Wissen und gaben es an Europa zurück. Insofern verdankt Europa der arabischen Zivilisation und Kultur viel. Dies im Herzen zu wissen verbietet mir, meinen Ursprung zu leugnen und ihn nach dem Schema zu verdammen: Der Vater war ein Zuhälter, er schlug die Mutter, und sie hielt aus purem Haß ihre Tochter fest, während ihr heimlicher Geliebter sie vergewaltigte, und dieser heimliche Geliebte schickte den Sohn auf den Strich. Die Tendenz zu solchen Klischees ist stark verbreitet unter den Literaten des Exils, und die Schriftsteller, die so etwas fabrizieren, halten sich für kritisch, aber dem ist nicht so.

Weshalb diese Klischees? Gibt es dafür historische Gründe?

Viele bekannte Autoren aus der Dritten Welt gehören wie ich einer Schicht an, die man am besten „koloniale Bourgeoisie zweiter Reihe" – sowohl von der Generation wie auch von der Machtstellung her – nennt. Es sind nicht die Söhne der ersten Reihe, die unmittelbare Nutznießer und Nachfolger der Kolonialisten waren. Nein, Rushdie, Naipaul, Ben Jalloun, Anton Schammas, ich und viele Autoren meiner Generation entstammen allen möglichen Schichten der zweiten Reihe, deren Angehörige gescheitert waren, einen eigenen Weg in der Entwicklung ihrer Länder zu gehen. Dieses Scheitern hat objektive Gründe, weil die soziale und ökonomische Entwicklung zu spät ansetzte und diese Schicht nie revolutionär erneuernd war, sondern nachahmend und immer abhängig von der ersten Reihe und vom Kolonialherrn. Sie schickte ihre Söhne und Töchter auf Schulen und Universitäten, die viel Bildungsgut aus Europa lehrten. Diese Erziehung ermöglichte den Söhnen und Töchtern nicht nur die Erweiterung ihres intellektuellen Horizonts, sondern auch einen kritischen und distanzierten Blick auf ihre Ursprungsgesellschaft. Der schmerzhafte Blick aus der Ferne ist oft präziser und illusionsloser als derjenige, den man mitten im dortigen Gesellschaftsstrudel auf die Wirklichkeit hat. Er kann zu einer unendlichen Liebe dieser Gesellschaft führen, einer Liebe, die nur Eltern mißgeborener Kinder kennen, einer Liebe, gemischt mit Hoffnung und Trauer, mit Verbitterung, aber auch mit der Fähigkeit zur Freude über jeden Lichtstreifen am Horizont. Und nichts anderes ist meine Liebe zu Damaskus.

Der verbitterte Blick kann aber auch zu Wut führen und sogar so weit, daß jemand haßerfüllt auf seinen Ursprung spuckt. Dies findet man bei einigen Autoren, und deren Geschichten sind so gehässig, daß kein englischer, französischer oder deutscher Rassist sie schlimmer schreiben könnte.

Wenn etwa diese Autoren kein gewichtigeres Thema mehr haben, als die Würde der Muslime, der Araber oder Schwarzen zu verletzen, dann ist das weder Aufklärung noch ein literarischer Ausrutscher, sondern Politik der düstersten Art. Haben unterlegene Völker kein Recht auf den Schutz ihrer Würde?

Ehrlich gesagt, und alle Politik beiseite gelassen: Ein Schriftsteller, der nicht ohne Verletzung der Würde anderer auskommt, ist ein miserabler Schriftsteller.

Gründe für den Haß gegen die Ursprungsgesellschaft liegen zuhauf auf der Hand, die Mißstände sind dort unübersehbar. Aber ein Schriftsteller, der sich von dem ernährt, was für jeden sichtbar vor der Nase liegt, ist ein schlechter Schriftsteller, dem Liebe und Visionen abhanden gekommen sind.

Wer die Bitterkeit des Exils überwunden hat und gleichzeitig die Schönheit seiner verlorenen Heimat besingen kann, muß doch sicherlich als Schriftsteller aufpassen, daß er keinen falschen Bildern erliegt?

Sicher, die Gefahr ist groß, gewollt oder ungewollt die Illusion einer Idylle zu erzeugen. Manchmal befällt mich Zweifel, wenn ich Briefe von Reisenden bekomme, die wegen meiner Bücher Damaskus und Malula aufsuchen. Doch letztlich singt die Mehrheit dieser Reisenden kein Lob auf die Regierenden, sondern auf die gütigen Menschen und die zauberhafte Natur, denen sie begegnet sind, und dagegen habe ich nichts. Doch frage ich mich, ob ich Damaskus nicht zu sehr huldige. Aber ich liebe diese Stadt und kann nicht anders.

Das verbitterte Herunterreißen aller Werte der Ursprungsgesellschaft birgt wiederum auch eine große Gefahr: daß diese Autoren sich schreibend das antun, was sich Michael Jackson operativ beigebracht hat. Er hat seine Haut, seine wunderschöne breite Nase und seine krausen Haare, mit einem Wort all das, was Afrika ihm schenkte, ausradiert und tritt als Lackaffe der Weißen auf.

Ich behalte lieber meine Damaszener Haut.

6.
Das Böse und die Heiterkeit

Sehr beeindruckt hat mich Ihre Erzählung Warum einer nach seinem Tod hören mußte, was er zu Lebzeiten überhört hatte *in dem Buch* Erzähler der Nacht. *Der König, der die Liebeserklärung seiner von ihm verkannten Tochter hört, kann nicht mehr darauf antworten. Er erlebt einen Schmerz, der alle anderen, denkbaren Schmerzen übersteigt. Welchen Stellenwert hat das Dunkle und Verhängnisvolle, aber auch das Böse in Ihrem Werk? Wie verträgt es sich mit dem Heiteren und Schönen, mit den „guten Nachrichten", von denen Sie so oft erzählen?*

Zuhören ist eine Kunst, die am wenigsten gelobt wird. Wo ich auch immer auftrete, plädiere ich für einen Zuhörer-Preis. Der erste Preis sollte ein seidenes Ohr sein, der zweite ein samtenes Ohr, dann kämen Leder, Holz und immer weiter hinunter bis Beton, aber keiner hört auf mich.

So wie ein Buch nicht beim Schreiben entsteht, sondern erst beim Lesen, so entsteht eine mündliche Erzählung erst, wenn jemand ihr zuhört. Deshalb schrieb ich diese Geschichte zur Verteidigung des Zuhörens. Im selben Buch formulierte ich auch die Krönung meines Lobgesangs auf die Zuhörkunst: die Echogeschichte im *Erzähler der Nacht*.

Aber Ihre Frage hat wie immer noch eine weitere tiefe Wurzel: Es geht auch um das Böse und darum, wie es sich mit dem Schönen verträgt. Die Beziehung zwischen dem Guten und dem Bösen ähnelt sehr der Beziehung zwischen Gesundheit und Krankheit. Nur in der Krankheit erkennen wir den Wert der Gesundheit, die uns immer unsichtbar begleitet. Das Gute kann nicht existieren ohne das Böse, und deshalb haben beide eine zentrale Stelle in meinen Arbeiten. Zwischen diesen beiden Polen schwingt das Leben. Sicher werden beide in der Literatur noch deutlicher gemacht durch die Konzentration der Ereignisse. Literatur ist in gewisser Hinsicht nichts anders als ein auf Papier festgehaltenes Konzentrat des Lebens, und deshalb erscheinen die Dinge schillernder als im Leben.

Wie verträgt sich das mit dem Heiteren in meiner Literatur? So wie eine spannende und bisweilen gefährliche Nummer im Circus sich mit der nachfolgenden Entspannung verträgt, die der Clown dem Publikum schenkt.

Andererseits sind Heiterkeit, Leichtigkeit, Komik und Schönheit keine Erfindung der Kunst, sondern des Lebens, und daher gehören sie dorthin, wo man vom Leben erzählt.

Wenn ich von den dunklen Stellen in Ihren Büchern gesprochen habe, meine ich vor allem die Bücher für Erwachsene. In der Reise zwischen Nacht und Morgen *gibt es den Satz: „Raubtieren und Kindern darf man keine Angst machen. Sie haben zuviel davon. Man muß ihnen Angst nehmen." Gilt das auch für Ihre Kinderbücher? Auf diese Frage brachte mich der Vergleich des Bilderbuches* Der Wunderkasten *mit der thematisch identischen, aber weitaus negativeren Geschichte des alten Erzählers in der* Reise zwischen Nacht und Morgen, *der sich aus Verzweiflung über den Verlust seines Publikums mit Benzin übergießt. Ausgehend von diesen literarischen Beispielen noch direkter gefragt: Was für ein Verhältnis haben Sie zu Kindern?*

Dieses Bild vom Selbstmord eines alten Mannes, dem niemand mehr zuhören wollte, ist eine Metapher für die Verzweiflung der Kunst unter der Diktatur, aber sie steht auch für die alten unbeweglichen Kunstformen gegenüber der Moderne.

Der Satz aber, den ich über Kinder und Raubtiere geschrieben habe, ist der Leitfaden meiner Literatur für Kinder. Er verpflichtet mich, den Kindern keine Angst zu machen. Aber das bedeutet nicht, den Kindern eine heile Welt vorzugaukeln, sondern, ihnen die Angst nehmend, die Welt der Erwachsenen zu zeigen. Das ist nicht einfach, überhaupt ist das Schreiben von Kinderbüchern heikel, denn die beste Geschichte ist gerade gut genug für Kinder. Doch schauen Sie sich die Kinderbücher an. Wenn ich vom dicken Zeigefinger absehe, den ich in Kinderbüchern nicht ausstehen kann, gibt es zwei weitere Varianten von Büchern, die ich bedenklich finde. Die eine ist weit verbreitet und gaukelt den kleinen Lesern und Leserinnen, denen man gewollt oder ungewollt Dummheit unterstellt, eine rosa schimmernde Welt vor: Bücher, die mit Leben und Traum nichts zu tun haben, sondern mit dem Hang vieler Eltern und Großeltern zum Kitsch. Und fragen Sie, warum sie ausgerechnet diese seichten betrügerischen Bücher auswählen, so antworten die meisten: „Aber unser Kind mag das." Als ob die Eltern immer darauf achten würden, was ihr Kind mag, und ihm sklavisch ergeben seinen Willen erfüllten. Und merkwürdig, je autoritärer die Eltern und Großeltern, um so rosiger und kitschiger die Bücher, und um so häufiger hört man diese Antwort.

Die andere, etwas weniger verbreitete Richtung gebärdet sich kritisch, ist aber im Grunde nur unsicher vor dem Kind. Die Kinder erscheinen in solchen Büchern nicht nur monströs, sondern greisenhaft und debil. Es scheint, daß hier eher der Hang der übersättigten Gesellschaft zum Häßlichen die Hauptrolle spielt und nicht der Gedanke an das, was ein Kind braucht.

Sicher tritt das Böse auch in meinen Kinderbüchern auf. Aber es erschlägt die lesenden und zuhörenden Kinder nicht. Ich wünsche mir, daß die Kinder bei meinen Geschichten viel lachen, denn nie lernt der Mensch schneller die Angst besiegen, als wenn er lacht.

Meine Kindheit war geprägt durch ein intensives Leben auf der Gasse. Die älteren Kinder haben uns mehr als unsere Eltern ins Leben eingeführt.

Mein Verhältnis zu Kindern hat sich seit meiner Kindheit nicht verändert. Es ist genau wie mein Verhältnis zu Erwachsenen. Es gibt Kinder, die mir sehr schnell ans Herz wachsen, andere langsam, wiederum andere kommen mir, genau wie ich ihnen, überhaupt nicht näher. Man beäugt sich und entfernt sich mißtrauisch.

Welche Hoffnung verknüpfen Sie mit Kindern?

Die Kinder sind die Zukunft der Menschheit. Meine Hoffnung ist deshalb, daß diese Kinder besser mit der Erde umgehen, als wir es bisher getan haben, und in diese Richtung versuche ich zu wirken. Und neben der elterlichen Erziehung, die ich bei anderen nicht beeinflussen kann, sind die Kinderbücher die beste Basis für ein Gespräch mit den Kindern, mit unserer Zukunft. Deshalb habe ich einmal in einem Vortrag vor Studenten gesagt, sie sollten keinem vertrauen, der Kinderliteratur verachtet und sich über Zukunft ereifert. Wer Kinderliteratur verachtet, verachtet die Kinder, die Träger der Zukunft.

7.
Der offene Garten der Literatur

Ihre Rede anläßlich der Verleihung des Adelbert-von-Chamisso-Förderpreises im Jahre 1985 reflektiert die Bedeutung der Gastarbeiterautoren für die deutsche Literatur. Diese Autoren, so sagten Sie damals, hätten „aus dem heiligen Gebäude der Literatur einen offenen Garten gemacht ... einen, der viele Stimmen, Düfte, Stacheln und Farben hat". Was ist aus diesem Garten geworden?

Er wächst und gedeiht, aber viel langsamer, als man sich wünschte, und viel besser, als man fürchtete. Diese Rede drückte meine Hoffnung aus. Wir haben ja um das Jahr 1980 die Gruppe „Südwind" und bald darauf den Verein für ausländische Künstler PoLiKunst (Polinationaler Literatur- und Kunstverein) gegründet. Es war eine Art Künstlerverband. Sicher haben viele von uns, und natürlich auch andere, die wir nicht kennen, bereits vor diesem Datum geschrieben und veröffentlicht. Meine eigene erste Veröffentlichung war in Heidelberg 1974. Das war eine Satire, dann folgte im Jahr 1976 ein Theaterstück, das in der Evangelischen Studentengemeinde uraufgeführt wurde, und andere Essays über den arabisch-israelischen Konflikt.

Die erste Veröffentlichung, wenn auch in einem schäbigen Verlag, der alles, aber wirklich alles verhunzt hat, datiert auf das Jahr 1978. Aber so miserabel diese Veröffentlichung war, sie war offiziell in einem Verlag erschienen, und deshalb hatte sie einen großen symbolischen Wert für mich. Jahrelang hatte ich Chemie studiert und naturwissenschaftlich geforscht, und die erste Veröffentlichung erfolgte im Märchenbereich.

Auch andere Kollegen meiner Generation haben verstreut veröffentlicht, teils in Verlagen, teils im „Selbstverlag", denn das Bedürfnis zu publizieren war da. Die Gruppe „Südwind" war eine historische Notwendigkeit für die Literatur der Fremden. Wir waren der Brennpunkt für so viele zerstreute Lichter, und wir sammelten sie um uns, um die Stimme hörbar zu machen. Das Konzept war absolut richtig und kam zum richtigen Zeitpunkt. Dreizehn Bände haben wir insgesamt herausgegeben, mit einer großen Anzahl von Autorinnen und Autoren. Einige Schriftsteller, auch Ausländer, die bereits etwas etabliert waren, lachten uns aus, manche machten uns auch in der Öffentlichkeit schlecht. Aber rückblickend kann ich sagen: Sie haben sich geirrt. Es war eine Notwendigkeit in der Entwicklung, eine Pionierarbeit. Ihr verdanken wir eine Phase der fruchtbaren Zusammenarbeit, die hervorragende Erzählungen, Gedichte und Essays ans Licht brachte. Aber wie jede historische Notwendigkeit, wie jede Pionierarbeit und jede Gruppe verloren auch „Südwind" und später PoLiKunst ihre Daseinsberechtigung.

Meine Rede, auf die Sie in Ihrer Frage anspielen, entstand in dieser Phase der Auflösung. Sie wollte nicht nur eine Momentaufnahme sein, sondern beide Seiten, Deutsche und Ausländer, ermuntern und sie auf diese Literatur neugieriger machen.

Und heute, zwölf Jahre danach? Trauen Sie sich schon einen kritischen Rückblick zu?

Heute, zwölf Jahre danach, kann ich das schon wagen. Das Resultat ist leider eher enttäuschend als befriedigend. Das ist die bittere Wahrheit. Aus vielen Hoffnungen wurde nichts. Hochbegabte Autorinnen und Autoren kehrten in ihre Heimat zurück oder versanken in die Tiefe privaten oder beruflichen Dschungels. Eine dritte Gruppe, die ich Jammerprofis nenne, wird immer noch von irgendwelchen sozialen und kirchlichen Verbänden eher aus Mitleid als aus Überzeugung eingeladen und ausgehalten. Sie werden nach Mord- und Brandanschlägen reaktiviert und versinken dann wieder in der Bedeutungslosigkeit, die ihre Literatur verdient. Die Jammerprofis aber gaben sich in den Anfängen der Bewegung als die Puristen und verfingen sich schnell in der Verführung, das Leid der Fremde erpresserisch und nicht selten tränenreich auszumelken. Daher sind sie keine Schriftsteller geworden. Sie bemühen sich auch nicht um brennende Themen oder literarische Qualität, sondern bieten eine Karikatur der Ausländer. Und wie sieht eine solche Lesung aus? Larmoyanz folgt einer Erpressung und diese einem miserablen Umgang mit der deutschen Sprache. Nicht selten pferchen die Veranstalter fünf Autoren auf einem Podium zusammen unter dem Motto: Ausländer sind billiger zu haben.

Diese Fraktion hat bis heute ihre Liebhaber und Lobbyisten, die unsere Literatur gerne nur in einem einzigen Kontext sehen wollen: dem anklagenden Bericht zur Lage der Deutschen. Manchmal ist es schon irrsinnig komisch, so, als hätte Woody Allen die Szene geplant. Doch die Beteiligten meinen das ernst, und keiner lacht. So etwa, wenn ein ausländischer Akademiker mit deutschem Paß nun in seinen späten Jahren seine lyrische Ader entdeckt und zu später Stunde bei Kerzenlicht einer kleinen Zuhörerschaft in Frankfurt ihre Nazivergangenheit „betroffen" vorhält und die Versammelten irritiert und noch „betroffener" als der Möchtegern-Dichter aus der Wäsche schauen, und am Ende klatschen sie erleichtert, weil sie die Qual dieser schlechten Texte hinter sich haben.

Es würde uns zu weit führen, wenn ich die ganze Entwicklung einschließlich der Kriege darstellen sollte.

In dieser Zeit, fast parallel zur Gründung von „Südwind" und PoLiKunst, also um das Jahr 1980/1981, trafen Sie doch auch die Entscheidung, Ihren Beruf als Chemiker aufzugeben und nur noch als Schriftsteller zu leben. Wie erging es Ihnen danach?

Ich war nicht nur der erste Araber in der deutschen Geschichte, der von Ort zu Ort reiste und Leuten Geschichten vortrug, sondern auch der erste ausländische Autor in der Bundesrepublik, der es wagte, ganz vom Beruf des Schriftstellers zu leben. Ich war Freiberufler und lebte nur noch vom und fürs Schreiben. Das verunsicherte viele Ausländer und Deutsche. An erster Stelle verunsicherte das meine Eltern in Damaskus. Das ist normal. Nicht normal war es, aus den eigenen Reihen dafür ausgelacht zu werden. Dieses Auslachen hatte nicht nur Neid und Mißgunst als Grund, sondern in erster Linie den in der Minderheit verbreiteten Selbsthaß. Man wird so oft erniedrigt und glaubt schließlich selbst, daß die eigenen Reihen keinen Künstler hervorbringen können. Und wagt es einer, so kann das nicht mit rechten Dingen zugegangen sein.

„Verräter", „Karrierist", „Der will nur für die Kunst leben", „Er ist Deutscher geworden", „Er will den Gastarbeitern nicht mehr beistehen und läuft zu den Deutschen über" und noch mehr solcher Absurditäten kamen mir in jener Zeit oft zu Ohren. Ich antwortete mit keiner Silbe. Auch als einige ausländische Kollegen mein Privatleben angriffen, reagierte ich – auch auf angeblich besorgte Anfragen von Doktoranden, Journalisten und falschen Freunden der Fremden – mit Schweigen. Nicht weil ich das alles nicht hätte zurückzahlen können, und schon gar nicht, weil mir Engelschwingen am Rücken gewachsen wären. Ich handelte einzig und allein aus der Überzeugung, daß man als Angehöriger einer Minderheit andere Mitglieder dieser Minderheit niemals in der Öffentlichkeit angreifen darf, solange die Mehrheit die Rechte der Minderheit verachtet. Anders gesagt: Eine Mehrheit hat gar nicht das Recht, unseren Konflikten beizuwohnen, wenn sie nicht die Entrechtung, die zu dieser Selbstzerfleischung führt, sondern die Zerfleischung selbst sehen will. Und ich habe damit richtig gehandelt. Auch heute würde ich keinen dieser ehemaligen Kollegen namentlich angreifen. Das Leben wird besser als ich zeigen, wer am Ende für die Kultur der Minderheit, für den Dialog mit der Mehrheit etwas geleistet hat und wer nicht. Aber es fiel mir nicht immer leicht, mich zurückzuhalten, da ich die Angreifer, ihre Schwächen und vor allem ihre groben Fehler, die sie gegen die Interessen der Minderheit begangen haben, kannte. Doch ich reagierte überhaupt nicht darauf.

Oft war es für mich nicht leicht, draußen die Kälte der Nacktheit zu ertragen und gleichzeitig aus den eigenen Reihen diese ständigen Angriffe zu verkraften. Dieses *Draußen* erfahren nur diejenigen Exilautoren, die es wagen, eigenständig der literarischen Öffentlichkeit der Gastgesellschaft die Stirn zu bieten, ihr einfach eine Geschichte zu erzählen, die so für sich ein Kunstwerk ist und leise, aber frech versucht, ihren Platz in der deutschsprachigen Literatur zu finden. Das ist, wie wenn Sie an einem regnerischen Tag nackt auf der Straße stehen und Gedichte vortragen. Lachen Sie ruhig, aber es war manchmal verrückter. Die Antwort der Verlagslektoren auf meine zugesandten Märchen, Erzählungen und Romane, die heute Welterfolg haben, lautete fast einheitlich. Sie würden zwar meinen Stil mögen, und wenn ich etwas über das Leben der Ausländer schreiben würde, würden sie es veröffentlichen, nicht aber diesen Roman über einen Jungen in Damaskus – *Eine Hand voller Sterne* – oder über diesen komischen Kutscher in *Erzähler der Nacht*.

„Bleibe in deinem Metier", empfahl mir 1982 ein damals guter Bekannter und schlechter Verleger, „wer soll diesen Schmarren mit Königen und Hexen lesen?" Der „Schmarren" war fünfhundert Seiten dick. Er ist heute noch, nach fünfzehn Jahren, unter dem Titel *Der fliegende Baum* erfolgreich auf dem Buchmarkt.

Ein Autor, der auf niemanden hört, kann es noch zu etwas bringen. Ein Autor, der auf jeden hört, bringt nichts. Ich überhörte alle Mahnungen.

Manche bewundern meine Entscheidung, bei der ich 1982 einen lukrativen Beruf in einem großen Chemiekonzern aufgegeben habe, um Schriftsteller zu werden. Die Bewunderung ist übertrieben. Ich wußte, daß ich gut erzählen kann, und ich hatte keine Scheu, für dieses Ziel auch in Armut zu leben, da ich damals außer mir niemanden ernähren mußte.

Mögen die Wege der anderen Autoren leichter gewesen sein, weil sie durch einen glücklichen Zufall sehr früh einen hervorragenden Verleger kennengelernt haben, der ihnen die ganzen Schmerzen erspart hat. Ich hatte eine brennende Geduld im Herzen, die Geschichten im Kopf und eine treue schützende Fortuna, und alle drei zusammen bauten mein Glück auf. Und ich glaubte damals und glaube heute noch mehr daran, daß wir erstrangige Literatur von Weltniveau hervorzaubern können.

Ihr Bild vom Schriftsteller, der seine Gedichte nackt im Regen vorträgt, beschäftigt mich. Erzählen Sie mir noch mehr von Ihrer „unvernünftigen Entscheidung". Wie waren die Reaktionen darauf?

Auf der einen Seite gut, auf der anderen schlecht. Die moderne arabische Literatur war hier kaum bekannt. Arabien aber ist im Gedächtnis der Deutschen und der Menschheit als ein Ort der Geschichten bekannt. Das half mir etwas.

Eine Lobby hatte ich nicht. Anders als in Frankreich sind die Araber in Deutschland eine verschwindende Minderheit, und unsere arabischen Botschaften interessieren sich für alles mögliche, aber nicht für Kultur.

Ein Araber hat es aber grundsätzlich sehr schwer – und je intellektueller ein Kreis, um so schwerer – in einem Land, in dem sechs Millionen Juden barbarisch ermordet wurden. Für die Antisemiten sind die Araber sowieso eine Unterklasse der Juden, und für die Philosemiten – das sind die salonfähigen Antisemiten – sind die Araber die Verkörperung des Bösen.

Aber auch für harmlose Halb- und Viertelintellektuelle wirkte sich eine billige Handhabung der deutschen Geschichte negativ auf die Araber aus. Diese Gruppe kann sich nicht vorstellen, daß man gleichzeitig Araber sein und Juden mögen kann. Genauso können manche Freunde der Ausländer ihre Liebe nicht entfalten, ohne die Deutschen zu hassen.

Meine Rettung war, daß ich das mündliche Geschichtenerzählen liebe und damit meine Texte so vortragen konnte, daß die Menschen zuhörten und später meine Bücher kauften. Das rettete mich vor dem Untergang.

Heute ist das Ganze nur noch Erinnerung, denn nach etwa sieben Jahren, etwa um den Herbst 1989, waren meine Bücher „Renner" beim Publikum, und meine Erzähl-Auftritte hatten inzwischen riesigen Zulauf. Aber heute muß ich das erwähnen, um zu zeigen, unter welchen komplexen und schwierigen Bedingungen die Literatur in der Fremde entsteht.

Wie beurteilen Sie die Möglichkeiten von Autoren, die als Fremde, als Exilsuchende zu uns kommen? Können sie sich mit ihren Büchern überhaupt ein Echo von den Lesern erhoffen?

Es kommt darauf an, welche Leser Sie meinen. Wenn Sie die Rezeption dieser Literatur durch die offiziellen Institutionen der Germanistik oder der Literaturkritik meinen, dann ist die Chance dieser Literatur sehr gering. Das hat viele Gründe, die ich und andere Autoren der Fremde immer wieder in früheren Essays analysiert haben. Wenn Sie aber die lebendige Leserschaft meinen, die einzig und allein und gegen alle Institutionen eine Literatur ewig oder auch überhaupt nicht leben läßt, dann sind die Chancen großartig.

Es sind aber zwei große Hürden, die dieser Literatur im Wege stehen: Die erste kommt von innen, daß der Fremde in die soziologische Falle gerät und schöne Literatur mit Dokumentation verwechselt. Die Literatur soll nicht zum Nachschlagewerk der Probleme der Fremden werden. Dafür und darüber gibt es mehr als genug wissenschaftliche Arbeiten. Die Literatur ist keine Aufnahme des Bodens, auf dem die Fremden leben, sondern der Baum, der auf diesem Boden wächst.

Das verstehen viele Fremde nicht und wiederholen die alte Leier: Du Deutsch / Ich Ausländer / Du frißt Sahnetorte und Sauerkraut / Und ich bin einsam.

Und dergleichen unbeholfene Langweile mehr. Wer so etwas schreibt, hat nicht einmal Ahnung, wo er ist. Die deutsche Lyrik hat den siebten Himmel erobert. Das muß man als dichtender Gast zur Kenntnis nehmen.

In den Anfängen kann eine schwache Dichtung als ein Ertasten der Möglichkeiten noch hingenommen werden, aber nicht jetzt nach soviel Jahren der Erfahrung und so vielen hervorragenden Werken der Ausländer in diesem Land.

Eine Literatur, die durch Mitleid und Erpressung leben will, verdient nicht, geachtet zu werden. Wir müssen hier unsere einzige Chance ergreifen als Vermittler neuerer Erzählwege, die aus der Synthese zweier moralisch-ethischer Wertskalen, zweier Sprachempfindungen des Erlebten und nicht selten zweier Blickwinkel entstehen. Mit einem Wort, *die Synthese zwischen dort und hier.* Hierin sehe ich eine große Chance, ausgerüstet mit der unendlichen Vielfalt unserer kulturellen Herkünfte, die Grenzen der deutschen Dichtung aufzustoßen und neue Horizonte zu erblicken.

Das verlangt Mut, Geduld, hartnäckige Arbeit und vor allem List.

Die zweite Falle wird von außen gestellt. Sie liegt in der falschen These, daß man allein durch das Fremdsein bereits alle Voraussetzungen für die Schriftstellerei erworben hat. So wie Beuys mit seiner Ansicht, jeder Mensch sei ein Künstler, viel Unheil angerichtet hat, so verursachen die Förderer solcher Entwicklung eine Menge an unqualifizierten Beiträgen, die eher Leser abschrecken als ermuntern, Bücher von Ausländern in die Hand zu nehmen. Die Förderer bemühen sich und erzeugen genau das Gegenteil dessen, was sie zu tun behaupten. Immer wieder kommen solche Anthologien heraus, deren Form miserabel und deren Inhalt längst zum zehnten Mal wiederholt wurde. Die einzige Gnade ist, daß sie genau so schnell verschwinden, wie sie gekommen sind.

Mit Ihren Büchern leisten Sie nicht nur der deutschen Literatur, sondern auch der deutschen Sprache einen Dienst und schenken ihr eine arabisch anmutende Bildhaftigkeit, wie wir sie bisher nicht gewohnt waren. Sie lassen Nomaden „zauberhafte Luftwurzeln" schlagen und beschreiben die Liebe als einen „ängstlichen Vogel, der beim ersten Wedeln einer Hand das Weite sucht". Denken Sie noch in zwei Sprachen gleichzeitig, wenn Sie schreiben? Wie sehen Sie das spannungsreiche Verhältnis zwischen Ihrer Herkunftssprache, der Sprache der Kindheit, und der von Ihnen angenommenen, anfangs fremden deutschen Sprache?

Es ist abenteuerlich! Mein Verhältnis zu Sprachen ist eines der Liebe und nicht der Beherrschung. Sicher entsteht da eine Synthese zwischen den Sprachen, aber zwischen welchen? Meine Muttersprache ist Aramäisch, meine Kindheitssprache ist Arabisch. Vom ersten Jahr in der Schule an lernte ich Französisch, und später im Kloster sprach ich nur noch Französisch. In der Oberschule lernte ich Englisch, und dann kam Deutsch als fünfte Sprache. Ich bin manchmal nicht so sicher, woher die Anteile an einem zusammengeschmolzenen Wort kommen. Arabisch und Deutsch sind meine literarischen Sprachen. Man kann vereinfachend sagen, sie speisen meine literarischen Zeilen. Der Prozeß des Denkens in zwei Sprachen verläuft außer in Ausnahmen unbewußt. Beim Schleifen an einem Text, das heißt bei der Beschäftigung mit Satzbau, Wortgrenzen, unsichtbaren Schichten der Sprache, wirkt schon meine arabische Erinnerung mit und gibt dem gefundenen Wort das, was Sie mit der Formulierung „für uns ungewohnt" beschrieben haben.

Aber genau in diesem Prozeß, dem Schreiben in der Spannung zwischen zwei Sprachen, liegt die Chance meiner Literatur: nicht lauthals zu verkünden, man wolle experimentieren und Neues erzählen, sondern listig scheinbar gewöhnliche Abenteuergeschichten zu liefern und dabei die Grenzen der Erzählbarkeit von schweren Stoffen aufzustoßen. Genießbare, spannende Prosa zu produzieren, ohne eine Sekunde seicht zu werden.

Und anscheinend hat eine solche Literatur auf der ganzen Welt ihre Leser und Leserinnen. Ohne ein einziges Mal auf der heiligen Liste der Bestseller gestanden zu haben, fanden meine Bücher Verlage in vielen Ländern. Inzwischen sind sie in zwanzig Sprachen erschienen, und in sechs weitere werden sie übersetzt.

8.
Das Elend der Rechtschreibreform

Sie gehören zu den vielen Schriftstellern, die sich intensiv und sehr kritisch mit unserer sogenannten Rechtschreibreform auseinandersetzen. Es ist ja ein merkwürdiges Schauspiel: Da wird die Rechtschreibung auf dem Verwaltungsweg reformiert und so getan, als handele es sich lediglich um einen dringend notwendigen, schon lange überfälligen Akt der Vereinfachung. Daß davon die Sprache selbst betroffen ist und damit unsere kulturelle Identität, scheint keiner der Reformer und erst recht keiner der beteiligten Politiker in der ganzen Tragweite erkannt zu haben. Aus welchen Gründen engagieren Sie sich gegen die neue Rechtschreibung?

Die deutsche Sprache ist eine wunderschöne Weltsprache. Die Sprachbürokraten – denn das Wort Reformer verdienen sie nicht – tun so, als wäre die deutsche Sprache unfähig, veraltet und verknöchert den Ansprüchen der Zeit gegenüber geworden, so daß sie sie nicht dem Leben überließen, sondern einer hastigen Unfallchirurgie unterwarfen.

Ihr Werk, die sogenannte „Rechtschreibreform", ist äußerst schlecht. Wie erkennt man eine schlechte Rechtschreibreform?

Wenn sie die Identitätsmerkmale einer Sprache abschafft. Einer der schönsten Buchstaben ist das ß. Es ist die Nase unter den Buchstaben und eigenwillig dazu. Seine Anwendung war eindeutig. Nun soll dieser Buchstabe von Fall zu Fall verschwinden, damit wir die Häßlichkeit von drei s hintereinander bekommen: *Nussschale*

Was soll man von einer solchen Reform halten?

Wenn sie, statt vom Leben zu lernen (etwa *Zirkus* endlich abzuschaffen und dafür das überall gebrauchte Wort *Circus* einzusetzen), einer Willkür folgt und Sprachmonster wie *Ketschup* erzeugt (das auch mit *Ketchup* seine Aufgabe erfüllt und seine Herkunft zeigt).

Wenn sie durch willkürliches Trennen von Wörtern, die durchs Leben zusammenschmolzen, verheerende Wortverluste verursacht. Die Urlauber werden nur noch getrennt *braun gebrannt*, das Wort *liebhaben* soll aussterben, und sitzenbleiben sollten die „Reformer" dafür, daß sie nur noch *sitzen bleiben* zulassen.

Wenn sie die schönste Eigenschaft der deutschen Sprache: die Eindeutigkeit, abschafft. Verschiedene Wörterbücher bestimmen jetzt die Ge- und Verbote unterschiedlich.

Das ist aber noch nicht alles: Die Eile stellte die „Reformer" selber vor unlösbare, generationsbedingte Probleme. Hier halfen ihnen schlaue Verkaufsmanager mit einer Lüge aus: „Jeder schreibt, wie er will" – und das wiederholen die Kultusminister wie der Papagei meiner Tante. Welch ein Hohn!

Erstens ist es verlogen: Schüler und Beamte müssen bald den neuen Regeln folgen. Und zweitens teilt sich die Gesellschaft damit in zwei Gruppen: Ein Teil gehorcht den Regeln und ein anderer nicht! Wunderbar. Und was macht der Lehrer, dem ein Schüler sagt: „Entschuldigen Sie: Ich schreibe *liebhaben* zusammen wie mein Papa, Kunert, Herzog, Enzensberger und Schami"?

Aus all diesen Gründen bin ich gegen die „Rechtschreibreform".

Sie haben recht. Die Sprache als Ganzes und damit die Kultur, die mit ihr eng zusammenhängt, wird durch diese Reform in Mitleidenschaft gezogen. In einer Diskussion in Bonn sagte mir ein Befürworter der „Reform", er verstehe meine große Aufregung nicht, es handele sich doch bloß um eine Veränderung der Regeln der Rechtschreibung und nicht der Sprache selbst. Aber die Rechtschreibung verhält sich zu der Sprache wie der Verkehrspolizist (oder die Ampel) zum Straßenverkehr. Man kann den Verkehrspolizisten nicht betrunken machen (oder das Programm der Verkehrsampel durcheinanderbringen) und behaupten, diese Eingriffe würden den Straßenverkehr nicht beeinträchtigen.

Aber hat das nicht viele verwundert, daß ausgerechnet Sie als Fremder, ohne sentimentale Bindung an die eigene Kindheitssprache, in diese Auseinandersetzung eingreifen?

Doch, aber meine Erklärung ist einfach. Die deutsche Sprache hat mir ein Zuhause eingerichtet und mir Brücken zu vielen anderen Sprachen gebaut. Es ist für mich mehr als selbstverständlich, daß ich ihr in dieser schweren Zeit zur Seite stehen und verhindern will, daß man diesem Heim mittels einer bürokratisch verordneten Renovierung die Schönheit raubt.

Kommt der beeindruckende Protest so vieler Schriftsteller nicht zu spät? Warum haben die Schriftsteller, obwohl es doch um ihr Werkzeug ging, so lange geschwiegen und den Fortgang des Reformwerks nicht früher streitig kommentiert?

Zunächst einmal muß man, und zwar noch vor den Schriftstellern, einen Mann erwähnen, dem im Grunde das größte Verdienst gehört: den Lehrer Friedrich Denk. Und wenn man sich mit der Sache und deren Belastung befaßt, so darf man seine großartige Frau nicht vergessen, ohne die er nicht so viel Aktivitäten und Widerstand leisten, geschweige denn die widerwärtigen Angriffe überstehen könnte, die verletzend auf seine Person zielten. Das zunächst gerechtigkeitshalber.

Der Vorwurf, die Schriftsteller seien zu spät erwacht, ist ziemlich raffiniert durchdacht und kam überraschend. Zum erstenmal in der Geschichte brechen SPD-Minister, die die Mehrheit der Kultusminister darstellen, ohne von der eigenen Partei gerügt zu werden, ein Tabu. Sie greifen die Schriftsteller mit einem Vokabular an, das bis dahin nur von der rechten Ecke des konservativen Lagers gebraucht wurde: Schriftsteller sind faule Schläfer, die eher am Strand mit Wein und Weib leben als in der harten Wirklichkeit, und deshalb verschlafen sie die Termine. Das ist eine alte, beliebte und verbreitete Lüge. Neu daran war nur, daß die SPD, über alle Gegensätze hinweg, in Verbrüderung mit der CDU/CSU diesen Bruch mit ihrer Tradition in Kauf genommen hat, um den bürokratischen Schritt durchzusetzen. Heute wissen wir, wer zu früh reagierte, wurde gemahnt, es sei noch nichts richtig beschlossen, und nach der Verkündung hieß es seitens der Ministerien, es sei zu spät!

Wissen Sie, die Kultusminister wären die letzten, die es Friedrich Denk und den Schriftstellern übelgenommen hätten, wenn sie tatsächlich geschnarcht hätten. Schlimm ist es aber, daß viele Verleger sofort vorauseilenden Gehorsam an den Tag gelegt haben. Ja, ein bedeutungsloser Verleger sah sich sogar gezwungen, seinen Gehorsam als Sieg im Rennen zu erklären, und verkündete stolz im *Börsenblatt des Deutschen Buchhandels,* er sei der erste, der die Rechtschreibung eingeführt hätte. Hätten die literarischen Verlage den Schulbuchverlagen verboten, Texte ihrer Autoren zu verändern, so wären diese nicht in die Führung gegangen. Sie hätten sich wie bisher an das gehalten, was die literarischen Verlage bestimmen. Und kein Schulbuchverlag hätte Schulbücher ohne die modernen Autoren drucken können.

Dieser vorschnelle Gehorsam machte Widerstand schwer. Schwer war er ohnehin, weil viele Verleger, Schriftsteller und Literaturkritiker ihn nicht nur nicht ernst genug nahmen, sondern seine Tragweite nicht erkannten.

Andere, vor allem wohlhabende Autoren leisteten die Unterschrift gegen die Rechtschreibreform wie ein Ritual und ließen aber zu, daß ihre Bücher sofort nach den neuen Regeln gedruckt wurden. Ginge es um einen armen jungen Autor, der gezwungen ist, sein Buch so zu drucken, wie sein Verleger das befiehlt, wäre ich der letzte, der ihn kritisiert, aber bei mehreren Kinderbuchautoren habe ich außer einer krankhaften Eitelkeit nichts anderes als Ursache diagnostizieren können.

Eine zweite Merkwürdigkeit: Autoren, denen man immer übelnahm, daß sie mehr Gewicht auf den Inhalt als auf die Form legten, leisten bis heute erbitterten Widerstand, während andere, die lange Jahrzehnte vom Inhalt gar nichts wissen wollten, und ihn bei ihrer Formanbetung eher als Last empfanden, sich da, wo ihre Göttin samt Sockel auf die Müllhalde geworfen wurde, plötzlich desinteressiert zeigten, sich durch Abwesenheit und ausgewogenes Schweigen um eine Stellungnahme mogelten und jetzt so tun, als ob sie das alles leidend hinnehmen wollen.

Für mich aber war dieser Widerstand lehrreich. Ich erfuhr durch ihn, wie im Zeitalter der Globalisierung die Sprache nicht mehr Sache des Volkes ist, sondern zum Besitz der privaten Firmen wird. Längst bevor die deutschen Kultusminister offiziell die Richtlinien verkündeten, lag das Wörterbuch der „fixen Bertelsmänner" *(Börsenblatt des Deutschen Buchhandels)* gedruckt auf dem Tisch. Die Vergabe der Sprache an Privatfirmen ist ein ungeheurer Schritt, und ich wundere mich, daß die Deutschen nach einer solchen Erfahrung noch friedlich sein können.

Was halten Sie von dem typisch deutschen Lösungsweg, daß die Gültigkeit der neuen Rechtschreibregeln auf dem Gerichtsweg geklärt werden soll? Verträgt unsere Sprache überhaupt eine solche Einmischung der Gerichte?

Vermutlich wird die sogenannte Rechtschreibreform in einigen Jahren spurlos verschwunden sein, und man wird darüber nur noch lachen. Aber zum derzeitigen Zustand kann ich mit Sicherheit sagen, daß die Kultusminister ziemlich rücksichtslos eine wichtige Angelegenheit, die in den Alltag und in die Lebensgepflogenheiten der Bevölkerung eingreift, an den Parlamenten vorbeigeschmuggelt haben. Wofür wählt man die Vertreter des Volkes? Damit jeder Minister bei genügender Heimlichkeit unheimliche Dinge an den Parlamenten vorbeimogelt? Das heißt also, die Parteien können durch ausreichende Dreistigkeit und geheime Abmachungen die Demokratie nach Belieben ausschalten. Das geht nicht. Und hier habe ich eine große Hoffnung: daß der Bundestag die sogenannte Rechtschreibreform zurückweist.

Der Widerstand muß von den Menschen, mit deren Sprache ein paar Bürokraten spielen wollen, getragen werden, und die Bevölkerung ist mit überwältigender Mehrheit gegen die Rechtschreibreform. Und das ist das größte Problem der SPD, daß ihr das noch mehr Schaden zufügen wird, als ihre Wahlanalytiker ahnen. Doch der Widerstand hat massive Probleme. Die Linke in diesem Land nimmt die Sache der Sprache zu ihrem Unglück nicht ernst, und die Konservativen haben keine Erfahrung im Widerstand. Sie sind manchmal rührend, weil sie fast beschämt gegen „ihren" Staat stehen, und wissen nicht, wie man das macht. Sie sind empört, weil sie nicht selten zum erstenmal in ihrem Leben erfahren, welches Gesicht die Politiker haben, denen sie immer vertrauten.

Die Presse in diesem Land ist eine Katastrophe. Jeder Fußballverein der zweiten Liga interessierte die Redaktionen mehr als die ganze Auseinandersetzung um die Sprachreform. Die Gegner der Reform mußten Anzeigenraum in den Zeitungen für teures Geld kaufen, um die ehrenhafteste Sache des Landes zu verteidigen, die jede Zeitung angehen sollte, aber dieses nüchterne Argument wird als Moral abgetan. Ginge es um das *Vater*land, so hätten sie sich überschlagen mit seitenlangem Chauvinismus, aber es geht ja bloß um die *Mutter*sprache.

Und die Sache mit den Gerichten ist wirklich typisch deutsch. Es fehlte nur noch, daß Väter die Versicherungen einschalten, um zu überprüfen, wer den entstandenen Schaden erstatten muß. Statt daß die Auseinandersetzung durch die Medien zum Prüfstein der Politiker gemacht wurde, verkam die ganze Auseinandersetzung unter Ausschluß der Bevölkerung zu einer Gerichtsverhandlung: 2 : 0, dann 1 : 1 und wie weiter?

Woran liegt es, daß die Reformdiskussion in die Hände der Richter gelegt wurde?

Es liegt an der Antwort auf die Frage: Worum geht es?

Ich beantworte die Frage so: Es geht in erster Linie um die Menschen und in zweiter Linie um die Sache. Daher haben Gerichte und Minister hier am wenigsten zu sagen.

Meine Mitstreiter – und je konservativer, desto mehr – beantworten diese Frage auf typisch deutsche Art. Erst die Sache, dann der Mensch, und die Pro- und Kontrahaltung einer Sache gegenüber kann man vom Gericht beurteilen lassen.

Das große Zittern bekamen die Minister, als sie von der Bevölkerung ertappt wurden. Hätte hier die Presse die aufklärende Diskussion vorangetrieben und sofort ein Forum gestaltet, so hätte sie, wie etwa in England und Amerika, getragen von der Bevölkerung, den Politikern in Sachen Demokratie praktische Hilfe gegeben. Das ist leider nicht passiert. Auch der Schriftstellerverband ist in meinen Augen an der Rechtschreibreform elend gescheitert.

Und nach wie vor ist es möglich, diese Mogelpackung der Bürokraten auf demokratischem Weg zu Fall zu bringen. Ich werde alles tun, um das zu erreichen. Es geht schließlich um mein Haus.

9.
Die alte neue Erzählkunst

Sind Sie, auch wenn Sie schriftlich erzählen, immer noch mündlicher Erzähler? Wie würden Sie selbst den Unterschied zwischen dem mündlichen und dem schriftlichen Erzählen charakterisieren? Ist das eine vom anderen abhängig – jedenfalls in Ihrer Erzählkunst? Ich weiß, daß an dieser Frage schon ganze Literaturtheorien gescheitert sind. Deshalb möchte ich um eine „praktische Antwort" bitten – um einen Erfahrungsbericht des Erzählers Rafik Schami.

Ich kann nur von meinen Erfahrungen berichten. Mein Erzählen hat seine Wurzeln im mündlichen und nicht im schriftlichen. Ich komme aus dieser Tradition und versuche sie erneuernd in unsere Zeit zu transferieren. Das mündliche Erzählen ist ein Kulturgut der Menschheit, das wie vieles andere bedroht ist, unterzugehen. Man kann darüber Tränen verlieren, Kongresse halten, aber auch erzählend diese wichtige Kulturperle retten. Und letzteres tue ich, seitdem ich gelernt habe zu sprechen, und dies nicht leidend und in einer Attitüde der Aufopferung, sondern mit Genuß.

Nun, wie alles im Leben hat das mündliche Erzählen auch seine Entwicklung gemacht. Mit den Jahrhunderten entwickelten sich in Arabien, vereinfacht gesagt, zwei Fraktionen, Hofdichter auf der einen Seite und Gassenpoeten auf der anderen. Das ist keine Bewertung, sondern eine nüchterne Klassifizierung, denn unter den Hofdichtern gab es nicht nur Schmeichler und Speichellecker, wie das Wort suggeriert, sondern auch geniale, freche, revolutionäre, gelehrte und weise Dichter und

Erzähler, die manchmal für ein Gedicht mit ihrem Leben zahlten. Auch die Gassenpoeten waren nicht automatisch wunderbare Aufklärer, sondern oft sogar nur Unterhalter, wie etwa die Unterfraktion der Kaffeehauserzähler, die nie aufmüpfig sein durften, weil sie in der Öffentlichkeit erzählten und bei zu viel Frechheit Gefahr liefen, die Kundschaft im Café oder die Polizei des jeweiligen Herrschers zu verärgern. Ich gehöre mit meiner Zuneigung zu den Gassenpoeten, und bei ihnen hat das Lachen aus historischen Gründen ein Übergewicht. Und die Liebe zum Lachen ist in mir. Ich habe sie von meiner Mutter geerbt. Aus diesen Gründen beeinflußt das mündliche Erzählen meine Schreibweise tiefgreifend. Anders als bei einem Schriftsteller, der diese Tradition nicht kennt und selbst nie erzählt hat, muß meine Prosa eine interne Prüfung der Erzählbarkeit bestehen, und zwar nicht vor irgend jemandem, sondern vor mir. Das ist entscheidend. Wenn eine Geschichte so geschrieben werden soll, daß *jeder* sie erzählen kann, dann wird sie zu einer seichten Schrift und keine Kunst, aber da ich durch meine jahrzehntelange Erfahrung als Rezitator der arabischen Klassiker mir jeden, aber wirklich jeden Schwierigkeitsgrad zutraue, entwickle ich meine Texte mit dem höchsten Anspruch der Verwicklung und Verästelung, mit dem Anspruch, daß die Auflösung am Ende vor dem Publikum ein Feuerwerk entfaltet. Nur eins darf ein Text nicht: *mich langweilen*. Hier sehen Sie den Einfluß des mündlichen Erzählens. Nicht Unterhaltung um jeden Preis, aber auf jeden Fall keine Langeweile.

Sicher gibt es inzwischen viele literaturwissenschaftliche Arbeiten über Ähnlichkeit und Unterschiede zwischen dem schriftlichen und mündlichen Erzählen. Ich möchte nur auf einen Zentralpunkt aufmerksam machen: Das mündliche Erzählen lebt vom Augenblick, den es erobern will. Hält man einen vorgetragenen Text schriftlich 1 : 1 fest, wirkt er auf die *Leser* nicht selten langweilig und oberflächlich. Man versteht dann kaum, daß das Publikum vor Begeisterung tobte, eben weil dem Leser der Augenblick mit seiner Atmosphäre fehlt. Über das Scheitern wunderbarer schriftlich festgelegter Texte vor dem Publikum brauche ich nicht lange zu referieren. Es ist fast die Regel, weil der Text die *Zuhörer* aus welchen Gründen auch immer nicht erreicht.

Das schriftliche Erzählen schöpft seine Kraft weniger vom Augenblick als von der Unsterblichkeit, die es anstrebt. Und in dieser Spannung erzähle und schreibe ich.

Wenn ich auf der Bühne stehe, bin ich in meinem Element, und bald sind die Zuhörer meine Nachbarn, und ich fühle keine Verkrampfung und kenne kein Lampenfieber. Im Gegenteil, ich genieße es, so mit den Leuten und der Sprache zu spielen. Nach kurzer Zeit reisen die Anwesenden mit mir durch die Geschichte, und ich bin nur noch ein ortskundiger Begleiter.

Und wenn ich schreibe, dann verbringe ich die meiste Zeit nicht beim ersten Entwurf der Geschichte, den ich rasend in den Computer tippe. Das ist auch, ehrlich gesagt, der schönste Teil der Arbeit: die Geschichte einmal zu Ende erzählen, die in meinem Kopf und Arbeitsjournal gereift ist. In dieser Phase also bin ich der mündliche Erzähler auf der Gasse mit meinem unsichtbaren, aber wahnsinnig anspruchsvollen und ungezogenen, mit Kommentaren nicht sparenden Publikum. Die zweite Phase der Arbeit verschlingt die meiste Kraft und Zeit. Sie ist mühselig und verlangt Geduld und Disziplin, um aus diesem spannenden Erzählgut ein Produkt für die Ewigkeit zu produzieren. Mit einem Wort: gute Literatur zu schreiben.

Es gibt eine Geschichte von Ihnen, die ich ganz besonders mag. Ich habe sie schon einmal erwähnt. Sie ist 1990 als Bilderbuch erschienen und trägt den Titel Der Wunderkasten. *Darin schildern Sie am Beispiel eines alten Mannes, wie die Erzählkunst des Vorderen Orients unter dem Ansturm westlicher Reklamebilder zerbricht: „Kolgata" triumphiert über die Poesie. Aber das ist nicht der Schluß der Geschichte, denn sie endet mit der Wiederkehr des Erzählers, der keinen Wunderkasten mehr braucht. Es genügt, wenn er die Stimme erhebt und zu erzählen beginnt. Ist das, gleichnishaft zugespitzt, Ihre eigene Geschichte als Erzähler?*

Ich erlaube mir die halb ernste Bemerkung, daß Sie es hier mit einer Prophezeiung zu tun haben. Ja, als alle die Hände über dem Kopf zusammenschlugen und weinend verkündeten, daß das Erzählen tot sei, dachte ich – ich hatte ja in jener Zeit nichts zu tun –, ich muß unbedingt etwas prophezeien, aus reiner Gewohnheit als Orientale, und so saß ich da und prophezeite, daß das Erzählen nie und nimmer sterben wird. Ich wurde ausgelacht, und so schritt ich zur Tat. Ich fing an zu reisen und zu erzählen. Nicht selten kam ich mir wie ein Entwicklungshelfer vor. Die Menschen hungerten nach Geschichten, und die Themen lagen auf der Straße.

Am Anfang waren bei mir nur fünf, sechs Zuhörer, und denen habe ich so gut erzählt, daß sie bald meine Botschafter in ihren Städten wurden, und bei der nächsten Lesung waren dann über zwanzig, und ich bemühte mich, das Beste zu machen, was ich seit meiner Geburt gelernt habe: spannend zu erzählen. Ich werde nie die Bemerkung eines deutschen Kollegen, den ich zu meiner Lesung eingeladen hatte, vergessen. Er lachte und freute sich während der Lesung, aber danach gab er mir zu verstehen, daß ich in Deutschland mit diesen Geschichten nicht weit kommen würde. Sie seien unterhaltsam!!! Es ist eben eine Mode in Deutschland, Langeweile mit Klugheit zu verwechseln. Unterhalten verursacht Freude und wird verdächtigt, seicht zu sein. Deshalb wagen Literaturkritiker nie die poetische Leichtigkeit und den Genuß eines Romans zu loben, denn sie haben Angst, man würde ihre Arbeit dann nicht ernst nehmen. Und nun erzogen diese angepaßten Literaturkritiker eine Generation von noch angepaßteren Langweilern, die den Ruf der deutschen Literatur ruiniert haben. Sie gebärden sich bis heute noch als Rebellen gegen Publikum und Leserschaft und sind im Grunde Sklaven verknöcherter Germanisten und „großer" Literaturkritiker mit der kleinsten Seele und engsten Stirn der Erde. Der Teufelskreis war damit perfekt, und beide Seiten erklärten jeden, der vom Publikum gelesen und geliebt wurde, für seicht. Sie lobten sogar einen Erzähler, der „genial dem Leser vorgaukelte, er würde erzählen, und es fertigbrachte, dreihundert Seiten lang nichts zu erzählen". Dafür ist nicht Genialität notwendig, sondern Dreistigkeit und Übersättigung. Wer also spannend erzählen wollte, mußte sich vor zehn Jahren die dümmsten Vorwürfe anhören, und er mußte damit leben, daß dieser Kreis ihn totschwieg, wenn er bei ihm keine Angriffsfläche fand. Damit muß jeder leben, wenn er Großes vorhat. Und ich hatte verdammt Großes vor. Ich hatte schlicht die Frechheit, eine Unmöglichkeit für machbar zu erklären und in einer fremden Sprache ernsthaft zu unterhalten. Man sagte mir, ich würde in einem Jahr vernünftigerweise feststellen, daß Lesungen in Deutschland keine Unterhaltung seien, sondern eher eine gegenseitige Beweihräucherung von Autor, Veranstalter und Lokalgrößen, die, von der Presse begleitet, zu diesem Anlaß erscheinen. Und ich hatte vor, den Raum in einen Innenhof, in ein Zelt zu verzaubern und erwachsenen Deutschen Geschichten zu erzählen. Man warnte mich, Deutsche könnten nicht zuhören, geschweige denn zwei Stunden – so lange ist mein Programm vom ersten Auftritt bis heute –, doch die Deutschen kamen immer zahlreicher und verlangten nach dem Ende der Erzählzeit so hartnäckig eine Zugabe, daß ich manchmal meine Freudentränen bekämpfen mußte, um eine Zugabe zu machen. Fünfzehn Jahre lange reiste ich im Land herum und hielt jedes Jahr bis zu 150 Erzählabende – nicht gerechnet Radiosendungen und Seminare. Nach ein paar Jahren waren es über fünfhundert Zuhörerinnen und Zuhörer an einem Abend. In manchen Städten stellten lustige Buchhändler Rekorde für meine Lesungen auf: etwa daß die 300 Karten innerhalb acht Minuten ausverkauft wurden, nachdem die Zuhörer vor der Öffnungszeit der Buchhandlung in klirrender Kälte Schlange gestanden hatten. Der Buchhändler versorgte die Leute großartig mit Kaffee. Was will ein Autor mehr?

Doch meine Prophezeiung hätte heute den Beigeschmack einer Angeberei, hätte ich sie nur mündlich gemacht. Dann hätte das so geklungen, als würde ein erfolgreicher Autor im nachhinein sagen, daß er recht gehabt hat. Nein, die Prophezeiung hatte ich damals schriftlich fixiert, als ich unbekannt war. Ich schrieb sie in Form von einem Roman *Erzähler der Nacht* und eines mehr als deutlichen *Wunderkastens*. Und beide haben nur das Thema des Erzählens, und in beiden Büchern sage ich nur das: Habt keine Sorge! Der Erzähler wird seine Stimme wiederfinden, denn solange Menschen leben, wird immer einer eine Geschichte erzählen und mindestens einen finden, der zuhört.

Was trauen Sie heute noch dem Erzählen zu? Kann es sich gegen die vielen Wunderkästen und ihre fertig fabrizierten Bilder weiterhin behaupten?

Ich traue dem Erzählen in diesem Land noch Wunder zu, die wir noch nicht ahnen. Ja, und im Land der Dichter und Philosophen wird das Erzählen gegen alle visuelle Überflutung standhalten, aber das kann es nur unter einer Bedingung. Die Autoren und Autorinnen in Deutschland müssen eines lernen: Je hektischer die Zeit wird, um so unterhaltsamer muß ihr Werk sein. Langweilen kann man sich preiswerter als durch den Kauf eines Buches. Will ein Autor nicht nur unterhalten, sondern noch dazu engagiert sein, dann muß er doppelt so unterhaltsam sein wie sein Rivale, der politisch und sozial desinteressiert ist. Dies haben die Skandinavier, Engländer, Lateinamerikaner, Afrikaner, Franzosen und Amerikaner längst erkannt. Und nun, wenn es Sie nicht stört, würde ich eine weitere Prophezeiung aussprechen: Bald werden deutschsprachige Autorinnen und Autoren in der literarischen Welt auftauchen, die wunderbar erzählen, die die Leser achten und auf die Literaturkritik in ihrer jetzigen miserablen Form pfeifen. Ich wäre darüber sehr glücklich.

In der bereits erwähnten Frankfurter Rede, die den Titel trägt Hürdenlauf oder von den unglaublichen Abenteuern, die einer erlebt, der seine Geschichte zu Ende erzählen will, *taucht die Bemerkung auf: „Wenn ich immer noch am Erzählen, das heißt am Leben bin ..." Diese Gleichsetzung von Erzählen und Leben ist für einen zeitgenössischen Erzähler alles andere als selbstverständlich. Unsere gegenwärtige Literatur ist eher von der schmerzhaften Erkenntnis geprägt, daß sich zwischen dem Erzählten und dem Leben eine unüberbrückbare Kluft auftut. Spüren Sie diese Kluft ebenfalls?*

In dieser Rede habe ich erzählt, daß mir der Todesengel damals, als ich schwer krank war und er mich holen wollte, eine Duldung gewährte, die gelten sollte, solange ich erzähle, mich nicht wiederhole und unter der Voraussetzung, daß ich dabei auch niemals langweile. Deshalb entsteht zwischen meiner Literatur und dem Leben keine Kluft. Beide entwickeln sich selbständig und sind deshalb verschieden, aber durch Kanäle, Wege, Flüsse und manchmal Brücken bleiben sie miteinander verbunden.

Ihre Beobachtung aber stimmt und vertreibt den Schlaf der Verleger und die Leser. Die Leser finden nicht mehr zu der Mehrheit der deutschen Autoren und umgekehrt, obwohl sich die Literaturkritik bemüht und mit Lob nicht spart: „Jahrhundertroman", „Entdeckung des Jahres", „Der beste Roman seit Balzac", „Der deutsche Márquez", „Einmalig", „Noch nie da gewesen", „Ein großer Zauber!", „Er hat Maße gesetzt, und von nun an müssen sich die anderen Autoren anstrengen!" und ähnlicher Unsinn sind einige Zitate der deutschen Literaturkritik über Flops, die nicht der Rede wert waren. Also, die Kritik bemüht sich, doch die Leser wollen die Bücher nicht. Warum?

Weil Autoren manchmal eine oder großzügigerweise gleich alle Todsünden begehen, die zwischen der Literatur und dem Leben einen tiefen Abgrund entstehen lassen.

1. Todsünde: Wenn man mit seinen Zeilen nicht den Himmel, sondern die Redaktion einer Zeitung stürmen will.

2. Todsünde: Wenn man über ein Thema nichts zu sagen hat und das durch Verschwommenheit der Worte oder durch Dickleibigkeit des Buches zu kompensieren versucht.

3. Todsünde: Wenn man beim Schreiben auf seine Lehrer, seinen Vater, den Literaturkritikpapst (-kardinal, ... -dorfpfarrer) schielt und nicht mit allen Sinnen bei seiner Geschichte ist.

4. Todsünde: Wenn man der Fehleinschätzung verfällt, man sei allein durch Geburt, Studium, Verwandtschaft, Partei oder sonstige Vereine befähigt, Schriftsteller zu sein.

5. Todsünde: Wenn man ein gutes Buch geschrieben hat, erlaubt man sich anschließend, die Sau (das Schwein, das Ferkel) rauszulassen und dem Leser alles zuzumuten.

6. Todsünde: Wenn man sich als Schriftsteller zu gering vorkommt und, um das aufzustocken, in seine Romane ein paar Abschnitte (Seiten, Kapitel) einschiebt, die dem Leser erklären, wie sich die Erde dreht und was Sokrates über Männerfreundschaft gesagt hat.

7. Todsünde: Wenn man gepflegte Langeweile mit Klugheit verwechselt und das Wort *leicht* für ein Synonym des Wortes *seicht* hält.

Ich gehe immer von mir als Leser aus, denn ich bin nicht besonders geduldig. Ich gebe einem Buch eine Chance für etwa hundert Seiten, entweder bin *ich* dann drin, oder *es* ist draußen. Wissen Sie, das Leben ist so kurz, und es gibt so viele schöne Bücher auf der Welt, die ich noch oder wieder lesen möchte.

Ich gehe immer davon aus, daß meine Leser noch ungeduldiger als ich sind.

Wir haben in Deutschland ganz bestimmte Vorstellungen von engagierter Literatur, die durch ihren politischen, gesellschaftlichen Zweck bestimmt ist und sich dadurch in Dienst nehmen läßt. Sie selbst glauben, daß „nur das engagierte Wort, das aufrichtig und furchtlos gesprochen wird, Arabien aus seinem feudalen Tiefschlaf retten" könnte. Das engagierte Wort – und die engagierte Literatur im vorhin beschriebenen, langweiligen Sinne: Sind das zwei unterschiedliche Literaturbegriffe für Sie?

Die sogenannte engagierte Literatur, wie sie in Deutschland verbreitet war, ist eine Kinderkrankheit der schönen Literatur und kein deutsches Phänomen. Sie war in allen Ländern der Erde verbreitet und geht langsam zurück. Sie hat aber weniger mit Engagement als vielmehr mit einer fast infantilen Einbildung zu tun, daß, wenn man die unterdrückten Schichten in der schönen Literatur mit guten Aussichten, Klugheit, Moral und Askese und bei manchen Autoren sogar mit sportlichen Körpern ausrüstet und dafür die Kapitalisten, Feudalherren und Armeeoffiziere dick, verwegen, unersättlich und unmoralisch darstellt, es dem Leser schon einleuchten wird, weshalb die im Windkanal der Geschichte passend Entworfenen ihre Unterdrücker besiegen würden. Und wenn es im Roman möglich wäre, so der Tagtraum dieser Literaten, so würde es auch im Leben möglich sein. Geführt von gutem Willen, fehlgeleitet durch irgendwelche Ratschläge von dubiosen Theoretikern, schrieben Schriftsteller tonnenschwere, langweilige Geschichten, die am Ende keine Ameise bewegen konnten, weil sie, so gewichtig sie sich gaben, unglaubwürdig waren und daher keine Kraft besaßen.

Auch mir blieb diese Erfahrung nicht erspart.

Mit dem engagierten Wort meine ich das gesamte Denken, das am Ende sich doch in Worten fixiert. Ein engagiertes Wort muß rücksichtslos an dem Ort wirken, wo es erscheint, gleichgültig ob in einem Schulbuch (und hier gleichgültig ob in Geographie oder Geschichte), Zeitungsartikel, Essay, in Rundfunknachrichten und im Fernsehen oder in schöner Literatur.

In den meisten Fällen sind Umriß und die Aufgabe des engagierten Wortes leichter zu definieren als in der schönen Literatur. So ist beispielsweise die Presse in Arabien Welten davon entfernt, das Prädikat „engagiert" zu verdienen, weil ein engagiertes Wort in der Presse ein freies, aufrichtiges und der Wahrheit verpflichtetes Wort wäre. Davon ist leider im überwiegenden Teil der arabischen Presse keine Spur.

In der schönen Literatur ist der gute Wille oft ein schlechter Ratgeber. Man will unbedingt der Menschheit Gutes tun und erzeugt unversehens schlechte Geschichten. Und schlecht geschriebene Geschichten verdienen nicht das Wort „engagiert".

Ich habe für mich eine Formel gefunden:

Engagiertes Denken heißt verändern.

Eine Geschichte, ein Roman oder Gedicht, das verändern will, muß erst einmal Herz und Hirn erreichen. Und meine ganze Bemühung beim Schreiben besteht darin, den Weg dafür zu ebnen.

Lassen Sie mich weiterfragen: Von einem Fliesenleger namens Amin Mardini, einem aufrichtigen, revolutionär gesonnenen Freund, lernten Sie in Ihrer Jugend den Satz: „Je revolutionärer ein Text, um so verständlicher muß er sein." In der rückblickenden Erinnerung setzten Sie hinzu, das sei ein „heikler Satz". Warum heikel?

Zunächst einmal scheint dieser Satz selbstverständlich und logisch zu sein, doch in der Praxis bedeutete das damals, immer einfacher zu schreiben. Manche komplexe Themen lassen sich aber beim besten Willen nicht einfach darstellen. Ich habe darin experimentiert, indem ich einen Text aufschrieb, wie ich ihn mir vorstellte. Dann legte ich den Text vor mich und schrieb ihn vereinfachend ab, und von diesem zweiten Aufguß fertigte ich einen dritten und von dem einen vierten und so weiter. Wenn man das konsequent macht und sich dabei vorstellt, daß einer im Zimmer steht und freundlich um eine weitere Vereinfachung bittet, dann wird man – wenn man starke Nerven hat – bei einer Stufe anlangen, wo der Text fast gar nichts mehr vom Ursprung verrät und im Grunde nichts mehr aussagt.

Trotzdem kann man kompliziert und zugleich klar eine Sache erzählen.

Auf der anderen Seite ist die Haltung hinter der Forderung nach Vereinfachung überheblich. Man nimmt also an, daß die Leser ein Haufen elender Dummköpfe sind, die solche komplexen Zusammenhänge nicht verstehen. Und was die Sache noch heikler macht, ist, daß diese These unter den Kommunisten weit verbreitet war.

Darf ich – wie so oft in unserem Gespräch – an eine Aussage von Ihnen anknüpfen, die Sie mir etwas zu rasch, fast nebenbei gemacht haben. Sie sprachen nämlich davon, das Beste, was Sie seit Ihrer Geburt gelernt hätten, sei, spannend zu erzählen. Ich frage mich (und mit mir viele Ihrer Leser): Wie lernt man das Erzählen, und wie übt man es? Welche Fähigkeiten braucht der Erzähler, damit er sein Publikum fesselt? Oder genügt es, bei einem Erzähler wie dem Kutscher Onkel Salim in die Lehre zu gehen?

Vorausgesetzt, es gäbe bei uns einen solchen Lehrmeister ...

Genau weiß es niemand. Erzählen und Leben sind verwandt, man kann es gut oder schlecht ausüben, ohne genau zu wissen, wie es funktioniert. Ich kann nur meine eigenen Beobachtungen und Erfahrungen wiedergeben.

Fangen wir mit der elementarsten Grundlage an. Ich glaube nicht, daß wir zufälligerweise zwei Ohren, dafür aber nur einen Mund bekamen: Plastischer kann man es Erzählerinnen und Erzählern nicht darstellen: doppelt so viel zuhören, wie man erzählen will. Beim Zuhören bekam ich nicht nur eine

Fülle von geschliffenen wie rohen Juwelen, aus denen später Geschichten wurden, sondern beim Zuhören bekam ich unsagbar wichtige Hinweise auf die Kunst des Erzählens. Das Komische ist aber, ich bin keinem dieser Lehrer dankbar. Warum? Das hat seine Gründe. Bei einem phantastischen Erzähler kann man am wenigsten lernen. Das hört sich absurd an, ist aber so, man ist im Augenblick so fasziniert, so hingerissen, daß man nicht viel lernt. Vielleicht im nachhinein könnte man gestützt auf das Gedächtnis einige Elemente seiner Kunst spekulativ nachvollziehen. Bei einem schlechten Erzähler dagegen genieße ich nicht den Inhalt, der meist in seinem langweiligen Brei versinkt, sondern viel mehr interessieren mich die Fehler, die der Erzähler unentwegt macht und großzügig wiederholt, daß auch ein Esel bei genauerem Zuhören diese Fehler erkennen kann.

So habe ich vom Arroganten die Bescheidenheit, vom Chaoten die Disziplin, vom Unglaubwürdigen die Notwendigkeit der Recherche, vom Aufschneider die Liebe zur Wahrheit, vom Wahrheitsprediger die Liebe zu einer besonderen Gattung der Lüge, die die Wahrheit sichtbar macht, gelernt. Von den Erzählern, die dauernd den Zeigefinger in ihre Geschichten einbauen, lernte ich die Liebe zum Erzählen ohne Moralpredigt, vom Langweiler die Liebe zum Kurzweiligen und vom Schlechtgelaunten die Liebe zum Lächeln. Es würde lange dauern, wenn ich alles aufzähle, was ich diesen namenlosen Lehrern verdanke, ohne ihnen dankbar zu sein.

Das nächste, was einen Erzähler ausmacht, ist eine nicht genau zu definierende, aber unentbehrliche Voraussetzung: ob man etwas zu erzählen hat oder nicht. Ich weiß, daß das nicht viel erklärt, und was noch viel schlimmer ist: Man kann es nicht einmal lernen und sich aneignen, dieses verfluchte *Was-zu-erzählen-Haben.* Das hat nicht einmal mit der Sprache zu tun. Es gibt Erzähler, die ohne ein Wort einen ganzen Saal faszinieren, Geschichten durch Mimik und Gestik erzählen können. Es gibt Kinder, die mit ihren drei Wörtern spannender erzählen als Gelehrte usw. Sprache und Stil sind erlernbare Voraussetzungen für die Literatur, aber *Was-zu-erzählen-Haben* ist nicht erlernbar. Das ist übrigens und nur nebenbei bemerkt das Problem der heutigen deutschen Literatur. Viele Autoren schreiben für Kritiker, für Feuilletons, für ihre Schwiegermutter oder ihren Psychiater, und das beschäftigt einige Menschen für eine bestimmte Zeit; insofern ist das, was diese Autoren schreiben, eine Arbeitsbeschaffungsmaßnahme und deshalb nützlich, doch man merkt es trotz der Bemühung, daß sie *Nichts-zu-erzählen* haben.

Wie man aber erzählt, wenn man *Was-zu-Erzählen* hat, ist individuell unterschiedlich wie die Temperamente der Menschen oder ihre Fingerabdrücke, und darin sehe ich die unendliche Vielfalt und die Möglichkeit, andere Erzählweisen kennen- und liebenzulernen

Sicher verlangt jede meiner Geschichten einen neuen Ton und eine eigene Tonlage, eigenes Erzähltempo und individuellen Rhythmus. Sie ist je neu in ihrer Musik und im entfalteten Panorama u. a., aber mein Stil bleibt einer Linie treu: dem Weben eines anspruchsvollen Teppichs, in dem die Weber viele Geheimnisse verstecken, damit Betrachter immer etwas Neues entdecken.

Hier möchte ich noch etwas genauer nachfragen. Die Geheimnisse und die Botschaften in Ihren Geschichten verlangen ja geradezu danach, daß sie entschlüsselt werden. Aber was ist, wenn sie unentdeckt bleiben?

Am Anfang war ich sehr deprimiert, wenn ich merkte, daß der scheinbar leichte Stil des Webens, den ich gebrauche, es der Mehrheit der Leser zu leicht machte, und sie rutschten manchmal in einer Nacht durch das Buch, ohne Schlaf. Die Kritiker entdeckten nur die großen Klötze, die ich für Anfänger hingelegt habe und sonst nichts. Dann aber kamen die Briefe von Leserinnen und Lesern, die mir zeigten, daß ich zu ungeduldig war, zu eilig das Resultat meines Kunstgriffs sehen wollte und dabei vergessen habe, daß die klugen Erbauer der Pyramiden die eleganteste und einfachste Form der Welt gewählt haben, deren Geheimnisse aber bis heute nicht gelüftet wurden, und daß kein Teppichweber die Entdeckung seiner Botschaften erlebt, weil sein Teppich oft in anderen Orten und Zeiten begehrt wird. Von nun an wurde ich ruhiger und machte munter weiter an meiner Weberei.

Können Sie mir einige dieser Geheimnisse andeuten? Ich will damit künftigen Interpreten nicht das Handwerk erleichtern. Es genügt mir schon, wenn Sie den Lesern dieses Buches ein paar Spuren verraten, ein paar Fingerzeige geben.

In jedem Buch verstecke ich vieles, was mit der Geschichte und der politischen Entwicklung des Orients zu tun hat. Aber es wäre schwierig, das in Kürze zu erklären. Nehmen wir lieber einfachere Geheimnisse. Im Roman *Erzähler der Nacht* etwa habe ich beschlossen, alle Arten des Erzählens, die auf der Erde existieren, einzubauen. Und Sie können sicher sein, ich habe mich bemüht, keine einzige Art des Erzählens zu vernachlässigen. Nicht einmal, wie das Feuer dem Holz erzählt. Darauf kam kein einziger Kritiker in der Bundesrepublik. Nur eine junge Schülerin und große Liebhaberin von Büchern hat es, fünf Jahre nach Erscheinen des Buches, entdeckt. Im Roman *Der ehrliche Lügner* habe ich alle bisher bekannten Varianten der Lüge bearbeitet, auch die kuriosen, lebensrettenden Lügen der Tiere durften nicht fehlen. Bei *Reise zwischen Nacht und Morgen* handelt die Geschichte von Freundschaft zwischen Orient und Okzident. Was lag näher, neben anderen Geheimnissen also auch eine Liebeserklärung an viele Autoren im Orient und Okzident zu machen. Hunderte von Autorinnen und Autoren wurden durch Titel ihrer Bücher – etwa wenn ich auf der ersten Seite schon Friedrich Dürrenmatt begrüße, indem ich seinen Titel *Der Richter und sein Henker* auffällig-unauffällig in den Text einbaue, oder Zitate von Gabriel García Márquez, Karl Valentin, Franz Kafka und Antonio Skármeta einflechte oder etwa Peter Bichsel, Jorge Amado, Kurt Tucholsky, Heinrich Heine, Balzac und andere Unsterbliche gemeinsam mit meiner Frau (die die graphische Gestaltung übernommen hat) in kleinen Vignetten am Anfang eines jeden Kapitels verstecke.

Man muß eben geduldig warten können. Irgendwann wird jemand darauf kommen, und dann werde ich meine Stoppuhr anhalten und die Zeit angeben, die Literaturkritiker in Deutschland brauchen, um ein Buch zu verstehen.

Bei der Lektüre Ihrer Reden und Aufsätze ist mir aufgefallen, wie negativ Sie das Medium des Fernsehens beurteilen, weil es die jahrtausendealte Erzählkultur in Arabien zerstört hat. Eine reiche Wortkultur wurde dort von einer Schnellbilderkultur hinweggefegt. Wie beurteilen Sie die Medienentwicklung bei uns? Ist es aus Ihrer Sicht überhaupt noch möglich, die alten Wörter und die neuen Bilder miteinander zu versöhnen? Oder ist, wer so denkt, ein hoffnungsloser Optimist?

Fernsehen an sich ist neutral, doch wie kein anderes Medium eroberte es einen gewaltigen Stellenwert im Alltag der Menschheit. Es ist eine gewaltige Gleichmacherei mit dem Fernsehen erzielt worden, die mit den anderen Medien, ob Büchern, Zeitungen oder Radio, nie erreicht werden konnte. Da waren immer irgendwelche Gruppen oder Völker ausgeschlossen. Das Fernsehen aber wird am Nordpol, in Deutschland, Syrien und Südafrika nach demselben Prinzip konsumiert. Inzwischen ist das Gerät so billig, daß man im tiefsten Elend der Slums, wo es an allem mangelt, immer noch genug spart, um ein Fernsehgerät zu kaufen. Ob es in diesem Medium je zu einer Synthese, einer glücklichen Ehe zwischen dem langsamen Wort und dem kurzlebigen Bild kommt, bezweifle ich sehr. Bisher waren die

Erfahrungen negativ, mit wenigen Ausnahmen. Ich halte nichts von den Puristen und führe auch keinen Krieg gegen das Fernsehen, aber meine Zeit ist so knapp, und das Leben ist so kurz, daß ich deshalb nicht zu einer Talkshow gehe, wo keiner dem anderen zuhört.

Wie ich in meiner Rede an der Universität Frankfurt sagte, hat das Fernsehen in Arabien große Schäden angerichtet, da diese Gegend aus verschiedenen Gründen begrenzte Erfahrung mit Bildern, dafür großartige mit Worten hatte.

Hier in Deutschland verliert das Fernsehen an Attraktivität. Auch die neueste Talkshow ist ein Aufguß einer gestrigen, mit Versatzstücken aus dem amerikanischen Fernsehen. Auch wenn noch mehr private Anbieter auf den Markt drängen, werden sie die vierundzwanzig Stunden des Tages nicht ausdehnen können. Sie werden an den Anteilen der anderen partizipieren. Dagegen erfinden die neuen elektronischen Medien immer wieder neue Bedürfnisse und propagieren erfolgreich, diese neue Erfindung sei immer schon ein Traum der Menschheit gewesen und man könne ohne sie (Handy, Internet oder andere) nicht mehr leben. Die Ausweitung der Computerkapazität sprengte wiederum die Grenzen des elektronischen Spielmarktes.

Ich bin nicht sonderlich optimistisch, aber das gute Buch wird seine Leser auch in den nächsten zwanzig Jahren in seiner jetzigen Form erreichen, und die Poesie wird genau wie heute die Leser verzaubern und in Welten versetzen, die keine Elektronik schaffen kann.

Sie sind fünfzehn Jahre lang intensiv gereist. Warum haben Sie Ihre Erzähltourneen eingestellt?

Es sind etwas mehr als fünfzehn Jahre gewesen. Es waren intensive Erzähltourneen. Ich habe sie in Westdeutschland, der Schweiz und Österreich, Holland und einmal sogar in Finnland durchgeführt.

Bis zu 150 Vorträge hielt ich im Jahr, in Schulen, Universitäten, Bibliotheken, Kulturzentren, aber vor allem bei Buchhändlern. Ich habe überall einen wunderbaren Empfang erlebt, und nach fünfzehn Jahren und über 1290 Auftritten liegt die Zahl der negativen Erfahrungen insgesamt nicht einmal bei zehn. Das ist ein Verhältnis, das ich nicht einmal in meinem Geburtsland erwarte. Also sollte man einmal laut die Gastfreundschaft der Deutschen und ihre Liebe zum Buch und zum Zuhören loben. Hiermit tue ich das verbindlich.

Es waren unzählige bewegende Augenblicke, und da meine Frau mit mir in den letzten fünf Jahren das Nomadenleben teilte, war das paradiesisch für mich. Mit ihr zu reisen ist überhaupt eine Freude, und die langen kritischen Diskussionen über Malerei und Literatur verkürzten die Autobahnen. Und dann auf die Bühne gehen und diese Geschichten erzählen, die ich liebe, die mir selbst eine Freude machen – was will ein Autor mehr! Und wenn mich dann das Publikum nach zwei Stunden Erzählen nicht von der Bühne gehen lassen wollte –, danach war ich erschöpft, aber der glücklichste Mensch auf Erden.

Die früheren Reisen, als ich noch das Leben eines Junggesellen führte, waren härter. Die Abenteuer unterwegs sind minimal, und die Einsamkeit der reisenden Künstler ist gewaltig. Diese furchtbare Leere im Hotel oder auf der Straße.

Ich bin jährlich bis zu 45 000 Kilometer gefahren, und so habe ich fünfzehnmal die Erde umkreisend ununterbrochen Geschichten erzählt. Als ich das erreicht hatte, wollte ich mich zurückziehen und die gewaltigen Projekte in Angriff nehmen, die in meinem Kopf seit Jahrzehnten herumschwirren.

Haben Sie mit diesem für Außenstehende überraschenden Entschluß, die Erzähltourneen aufzugeben, Ihre große Leserschaft vor den Kopf gestoßen? Ich kann mir denken, daß Sie viele, sehr viele Absagen geben mußten – nicht zur Freude der Veranstalter.

Jede Anfrage ist für mich eine große Liebeserklärung, eine Ehrung. Die Permanenz der Anfragen ist für mich ein einmaliges Phänomen. Seit zwei Jahren reise ich nicht mehr, und meine Verlage verkünden das auch immer wieder – und trotzdem bekomme ich bis zu drei Anfragen pro Tag. Das zeigt mir die Liebe zu meiner Literatur und die Größe der Lüge, daß in diesem Land niemand zuhören will und kann. Auf der anderen Seite zeigt es mir auch, daß ich etwas verändert habe in der Literaturlandschaft.

Aber stoße ich Leute vor den Kopf, wenn ich begründet die Einladungen nicht annehmen kann? Ich glaube nicht. Meine Leser(innen) und Zuhörer(innen) sind sehr klug, und sie wissen, daß es für uns beide, für sie und für mich, ratsamer ist, wenn ich mich vom Erfolg nicht berauschen lasse und bescheiden und leise lebe und schreibe. Dann haben sie einen Schami, der etwas zu sagen hat, statt einen, der ausgelaugt ist und sie von der Bühne aus langweilt.

Heißt das, wir werden Rafik Schami nie wieder erzählen hören?

Erst einmal muß der Liebesroman, an dem ich schreibe und der mir so wichtig ist, sein Feuerwerk entfalten, dann werden wir sehen.

Wer so lange von einem Leseort zum anderen reist, hat bestimmt einiges erlebt. Gingen Ihre Erzähltourneen immer gut aus, oder gab es auch Pannen?

Wenn Sie Winter wie Sommer bei Sturm und Fieber weit reisen und das fünfzehn Jahre lang, da springt ein dickes Buch heraus.

Ich habe viele Geschichten, die ich erlebt habe, schon aufgeschrieben, nicht naturalistisch, aber das Erlebnis war der Kern einer Geschichte, und vieles schreibe ich noch.

So bin ich einmal todmüde in einer Stadt angekommen und freute mich auf eine warme Dusche und etwas Ruhe vor der Lesung, doch das Hotel war nicht auffindbar. Der Vertrag zur Lesung war ein Jahr im voraus geschlossen worden, und da, wo ein Hotel sein sollte, stand ein Wohnhaus. Einer der Bewohner erzählte, er sei erst vor drei Monaten eingezogen, aber er hätte tatsächlich gehört, daß das Haus früher ein Hotel gewesen sei. Und damit das Abenteuer perfekt wurde, war der Veranstalter kein Buchhändler, sondern ein Kulturzentrum, dessen Chefin ruhigen Gewissens in Urlaub gefahren war. Ihren Stellvertreter erreichte ich nach mehreren Telefonaten über seine ehemalige Frau, deren Telefonnummer ich von einem Beamten der Stadtverwaltung bekommen hatte. Kurz und gut, nach drei Stunden konnte ich schließlich ein anderes Hotel bekommen.

Noch schlimmer war es in einer Stadt, wo wir, meine Frau, mein Sohn und ich, in einem Hotel untergebracht wurden, das prachtvoll renoviert aussah. Das einzig Dumme: die Heizungen waren nur Attrappen. So etwas habe ich in meinem Leben nicht gesehen. Alles war gekachelt und teuer tapeziert. Doch das Rohr der neuen Heizkörper endete in der Luft, einen Zentimeter vor der Wand. Und der Hotelbesitzer? Er tat oder war erschrocken. Wir wechselten das Zimmer und bekamen einen schäbigeren, aber dafür warmen Raum.

Einmal bin ich in einem Hotel der Unterwelt gelandet. Die Leiterin der örtlichen Volkshochschule setzte mich vor der Tür dieses Etablissements ab. Sie hatte mit der Reservierung nichts zu tun gehabt, das hatte die Bibliothekarin per Telefon erledigt. Es waren Gestalten aus der Hölle, die mich empfingen. Ich wäre am liebsten gleich wieder weggefahren, aber es war eiskalt und neblig, und mein Haus war damals 350 km von diesem Kaff entfernt. Ich lag wach in meinen Kleidern und hörte wider Willen einer Auseinandersetzung nach der anderen zu. Eine Schlägerei brach auf dem Gang aus, und als ich die Tür öffnete, brachte der Bar- und Hotelbesitzer, ein Abkömmling der Gorillas, gerade einen zahlungsunfähigen Freier unter dem

Arm auf den Weg zur Tür. Er lächelte mich verlegen an und sagte fast zärtlich, wie ein Opa: „Entschuldigen Sie, Herr Doktor. Der Mann muß an die frische Luft." Das mit dem Doktor hatte er sich bei der Anmeldung der Bibliothekarin gemerkt.

Am nächsten Morgen war das Haus still wie die Wüste. Ich wollte mich davonschleichen, die Rechnung war längst bezahlt, aber der Nachfahre der Primaten empfing mich strahlend in seinem leeren Frühstücksraum. Ein solch deftiges Frühstück habe ich sonst nur in Fünf-Sterne-Hotels bekommen. Er saß bei seinem Kaffee, mir gegenüber. Ich war der einzige Gast, und er fing an, mir von seinem Nierenleiden und seiner Schlaflosigkeit zu erzählen, bis ich begriff, daß er mich mit einem Mediziner verwechselte. Ich lachte und sagte ihm, daß ich zwar den Doktortitel trage, aber nur in Chemie promoviert sei, also wenn er etwas über Reinigungsmittel, Alkoholgehalt, Kunst- und Farbstoffe erfahren wolle, könne ich dienen, aber bei Nieren würde ich empfehlen, es nicht bei der Beratung mit den Hotelgästen zu belassen, sondern einen Arzt aufzusuchen.

Er war rührend, beim Abschied machte er mir zwei belegte Brötchen zum Mitnehmen.

Auch vom Leichtsinn in Hamburg kann ich erzählen, wo wir drei Schriftsteller, statt direkt ins Hotel zu gehen, nach der Lesung erst einmal die Kneipen der Stadt begutachteten, um dann gegen zwei Uhr morgens vor der verschlossenen Tür des Hotels zu stehen. Klingeln half nicht. Wir mußten zum Bahnhof und dort bis fünf Uhr wach bleiben, bis der erste Zug Richtung Süden fuhr. Das war zwar ärgerlich, aber harmlos.

Aber einmal war es wirklich lebensgefährlich. Ich hatte am Nachmittag eine Kinderlesung in einer Stadt und mußte danach etwa dreißig Kilometer zu einer zweiten kleinen Stadt fahren, wo ich eine Abendlesung hatte. Es war in jenem Jahr, in dem ein Sturm ungeheuren Schaden am Wald angerichtet hatte. Ich wollte gegen halb sechs fahren, doch die Kinder hielten mich mit ihren wunderbaren Fragen länger auf. Es wurde halb sieben, bis ich mich losreißen konnte. Nun war der Sturm voll im Gange, und die Straße, die diese zwei Städtchen verbindet, war aufgerissen wegen Reparaturen an der Kanalisation. Eine Umleitung führte auf eine dieser schrecklichen Straßen, die auf der Karte entweder gelb oder gar nicht eingezeichnet werden. Sie schlängelte sich durch den Wald. Es war Winter und dunkel, und es blitzte und donnerte, regnete und stürmte, und ich sah mitten im Wald die Bäume knicken und wußte nicht, was ich machen sollte. Ich fuhr schnell weiter, und in jenen Augenblicken wußte ich auf einmal, wie die früheren Völker Geister im Wald gesehen haben. Äste und Zweige krachten zu Boden, trafen das Auto, fielen aber Gott sei Dank nicht auf die Windschutzscheibe. Das Dach, die Kühlerhaube, die Kotflügel – alles war am Ende verbeult, aber damals fuhr ich alte Autos, denen eine Blechbeule mehr oder weniger nichts ausmachte.

Nach einer Stunde, in der ich bestimmt um Jahre gealtert war, kam ich aus dem Wald heraus, fuhr über die Ebene und fing an, wie verrückt zu lachen und zu singen. Ich fühlte ein seltsames Glück.

Mich hat es auch immer sehr gefreut, wenn Syrer oder überhaupt Araber ihren Weg zu meinen Lesungen fanden. Araber sind in Deutschland eine winzige Minderheit, die in der Regel in der Medizin oder im Handel tätig ist. Und doch war manchmal, wie etwa in Mönchengladbach, eine Gruppe erschienen, und wir verbrachten nach der Lesung eine Lachstunde bei gutem Wein – in bester Damaszener Tradition.

Und dann eine unerwartete Überraschung. Am Ende der Welt treffe ich einen Syrer in Finnland. Ein kleiner, lustiger Mann.

„Was machst du hier, Bruder, bei minus siebenundzwanzig Grad?" fragte ich.

Es war eiskalt.

„Ich lebe hier, und ich liebe das Land."

Seine Liebe zu einer Finnin hatte ihn fast bis zum Nordpol gebracht.

Manchmal verlor ich im Stau wertvolle Stunden, die ich für die Besichtigung der Stadt oder der berühmten Gegend dort reserviert hatte. Aber meist studierte ich jede Stadt, so gut es ging, bevor ich abreiste.

Ich kenne nach all den Reisen Deutschland besser als die Mehrheit der Deutschen, und ich kann sagen, Deutschland ist eines der schönsten Länder der Welt, und hätte es genug Sonne, so wäre es ein Paradies und die Menschen würden überheblich, aber scheinbar hat der liebe Gott eine tiefe Abneigung gegen Nationalismus und Chauvinismus, deshalb ließ er ganz bedacht kein Paradies auf Erden entstehen.

Was war für Sie bei diesen Reisen am lästigsten?

Am schlimmsten waren für mich die Autofahrten, denn Deutschland ist mit einem gutem Eisenbahnnetz Richtung Nord-Süd ausgestattet. Die Ost-West-Richtung dagegen ist unterversorgt, und deshalb mußte ich oft mit dem Auto fahren, und da passierten die komischsten Dinge, die einem nicht nur Zeit, sondern Energie raubten. Dazu kam es manchmal zu Verwechslungen durch ähnliche Namen. Bei Neustadt, Kirchheim und Neunkirchen macht kein Anfänger einen Fehler, aber es gibt mehrere Ahausen, zwei Alfeld und zwei weitere Alsfeld, mehrere Altdorf und Altenburg und bei Vörden hatte es mich schließlich erwischt, und ich suchte verzweifelt nach der Buchhandlung, und nur langsam begriff ich, daß ich im falschen Ort war. Gott sei Dank hatte ich genug Zeitreserve, daß ich die Buchhandlung im richtigen Vörden, bei Oldenburg, noch erreichte und die Lesung halten konnte. Zu meinem Glück hat keiner der Zuhörerinnen und Zuhörer meine Flüche im Auto gehört. Ich hatte mir alle möglichen drei- bis vierstöckigen Schimpfwörter in purem Damaszener Dialekt vorgesagt. Nach diesem Schock überprüfte ich meine Reisen und erstellte mit der Hand (später mit dem Computer) präzise Reiserouten. Das ging dann jahrelang gut, bis die Müdigkeit, die Gewöhnung, mein übervoller Terminkalender oder weiß der Teufel was meine Aufmerksamkeit schwinden ließen und ich, fröhlich und absolut überzeugt von meiner Disziplin und meinem Organisationstalent, in die nächste Falle geriet und mich auf dem Weg zum richtigen Ort mit scharfen Flüchen durchlöcherte.

Die Erlebnisse in den Lesungen selbst sind eine andere Geschichte.

Was ist am Erfolg gefährlich?

Erfolg ist besser als sein Ruf. Er erleichtert mir vieles und gibt mir Ruhe und Gewißheit, langfristige Projekte anzugehen. Wenn man dem Korruptionssog widersteht, den der Erfolg auf den ausübt, der in seinem Gewässer schwimmt, so hat Erfolg nur noch einen schlimmen Nachteil: Er macht seinen Inhaber in der Regel berühmt, und Berühmtheit macht einsam. Ich lernte früh mit dem Neid, der Mißgunst, ja auch mit dem Haß, den der Erfolg bei manchen Kollegen auslöst, umzugehen, aber eine merkwürdige und lästige Einsamkeit, die ich für meine Popularität zahle, ist mir heute genauso lästig wie am ersten Tag, als jemand vor fünfzehn Jahren in einem Café in Wien mir und meinen Freunden am Tisch lästig wurde, weil er bei seinem Lieblingsautor *sitzen* wollte. Er wußte nicht, daß wir da zwar in einem Café saßen, aber ein wichtiges und vertrauliches Gespräch über den Dialog zwischen Juden und Arabern führten und unter uns sein wollten.

Darf ich Sie fragen, ob Sie ein festes Motiv in Ihrem Leben haben, das Ihr Schreiben leitet?

Ja, Menschen nicht aus Naivität, sondern trotz allem, was ich weiß und erfahren habe, zu lieben und ihnen zu vertrauen.

10.
Vom Schreiben und von den Büchern

Haben Sie als Kind viel gelesen?

Als kleines Kind nicht, denn wir hatten keine Kinderbücher. Das Milieu, dem ich entstamme, ist halb städtisch, halb bäuerlich und nicht sonderlich intellektuell. Mein Vater las aber wie besessen, und seine Ruhe hinter seinem Buch war ihm heilig, niemand durfte ihn dabei stören.

Ich stöberte in seiner kleinen Bibliothek und blätterte herum. Mich faszinierten der Geruch der Bücher und die arabische Kalligraphie. Diese fasziniert mich bis heute noch. Die Araber brachten aus vielen Gründen keine großartige Malerei zustande, aber ihre Liebe zum Wort, zu den Buchstaben, deren Form, Spiegelung und Symmetrie war einmalig in der Geschichte der Menschheit. Es war auch kein Zufall, daß ich mit vierzehn, fünfzehn bei einem Kalligraphen diese Kunst lernte.

Als ich dann im Laufe meiner Schulkarriere in das bereits erwähnte Kloster im Libanon kam – es war ein strenger, katholischer Orden –, machte ich die Entdeckung meines Lebens: eine einmalige Bibliothek, zu der ich jederzeit Zugang hatte. Ich verschlang die Bücher dort und wurde – so glaube ich heute – unter dem herrlichen Gewölbe der Bibliothek süchtig nach Büchern. Dort lernte ich einige Weltautoren kennen und entdeckte die Tiefe der Welt.

Bei meiner Rückkehr nach Damaskus verschlang ich die Bibliotheken der Nachbarschaft, die Bücher der Freunde und die eines Bücherverleihers (der Blinde im *Ehrlichen Lügner*). Wir hatten keine Stadtbibliothek in Damaskus. Bei diesem Buchverleiher ging ich dann systematisch vor: erst die großen Franzosen, die Russen, die alten Griechen, die Amerikaner und dann viele vereinzelte Autoren aus aller Welt. Diese Zeit bildete die Basis meines Wissens über unsere Erde, die Schulbücher über Länder und Geschichte waren blaß dagegen. Balzac brachte mir die französische Gesellschaft des 19. Jahrhunderts näher als alle Schulbücher, die ich je über Frankreich gelesen habe. Genauso lernte ich Rußland aus den Schriften seiner Autoren Gorki, Tolstoi, Turgenjew, Dostojewski, Tschechow und Achmatowa kennen.

Aber nicht nur das Kennenlernen der Welt war wichtig für mich. Ich fühlte mich nirgends so wohl wie mit den Büchern. Es gibt darüber ein sehr kluges arabisches Sprichwort:
Der beste Platz auf Erden ist ein schwebender Sattel, und der beste Gesprächspartner unter den Lebenden ist ein Buch.

Diese Leidenschaft zu Büchern wurde in dieser Phase zwischen meinem 14. und meinem 20. Lebensjahr untermauert.

Wann haben Sie mit dem Schreiben begonnen?

Da ich viele klassische Gedichte und Geschichten als Kind rezitiert bzw. nacherzählt habe, weiß ich heute nicht, wann meine Anfänge waren, denn nicht selten mußte ich beim Erzählen nachdichten.

Die erste Bestätigung meines literarischen Könnens war leider eine traurige Erfahrung. Ich schrieb ein satirisches Theaterstück über Alphabetisierung, die bei uns eher als Mode daherkam. Damals waren 70 Prozent der Syrer Analphabeten. Die Alphabetisierung war also eine dringende Notwendigkeit, wenn sich das Land aus der Rückständigkeit befreien wollte. Statt aber vernünftig die Erfahrung der Völker und die Meinung der Experten zu studieren und eigene Wege zu gehen, gerieten die Kulturfunktionäre in Ekstase angesichts der Legenden, die aus Kuba die Welt unterhielten. Es hieß: Kuba habe das Analphabetentum binnen eines Jahres besiegt. Die Syrer und viele andere Araber wollten den Kubanern in nichts nachstehen und beschlossen, das Analphabetentum zum Feind des Volkes zu erklären und in noch kürzerer Zeit zu erledigen. Ein heilloses Chaos brach aus: keine Methode, keine Rücksicht auf das Alter der Lehrenden und Lernenden. Mich faszinierte das Thema, und ich begleitete den Krieg gegen das Analphabetentum aus nächster Nähe.

Das Analphabetentum aber – mehrere Jahrtausende alt – lachte über diese übereifrigen unerfahrenen Lehrer, die immer mehr Analphabeten mit Dummköpfen oder Babys verwechselten und stur nach demselben Prinzip von Belohnung und Strafe arbeiten wollten. Resultat: Bald führte der mit Millionenaufwand betriebene kubanische Weg in die arabische Sackgasse. Aus!

Ich schrieb also das satirische Theaterstück *Die Buchstaben* und schickte es einem Kulturredakteur, der angeblich junge Talente fördern wollte. Der Redakteur war kein Schriftsteller, sondern Radiojournalist, der durch Beziehungen aufgestiegen war. Er war begeistert und lud mich zu einem Gespräch ein und sagte nur, daß er sich bald an die Arbeit machen würde, und mich dann informieren wollte. Das war es! Drei Monate später wurde das Stück unter dem Namen des Redakteurs als Autor gespielt. Es war verwässert und mehr mit Blödsinn als mit Kritik gefüllt. Ich war rechtlos, obwohl mein Lehrer und viele Schüler das Stück kannten.

Seltsam, da ich das Original noch lange besaß und Nacht für Nacht mit ins Bett nahm und mir zugeredet habe, daß mein Stück besser als die Fälschung war, kann ich das Stück heute noch auswendig. Das Thema war an Ort und Zeit gebunden und hat heute keinen Wert mehr.

Auch wenn dieses Ereignis mich nicht endgültig überzeugt hatte, daß ich ein Schriftsteller geworden war, so trug es doch entscheidend zu diesem Bewußtsein bei. Das war 1961.

Wenn Sie so früh mit dem Schreiben angefangen haben, warum schlugen Sie dann vier Jahre später den Weg des Chemikers ein?

Meine Mittel waren gleich Null. Wir mußten nicht hungern, aber es gab keinen Spielraum, nicht einmal für ein Jahr. In Syrien waren wiederum bis zu 20 Prozent der Menschen arbeitslos und machten jede Dreckarbeit für ein Stück Brot. Ein Nebenberuf zur Schriftstellerei war für mich also nicht möglich. Es blieb die Variante, für die sich 80 Prozent der Schriftsteller in Syrien entscheiden: akademische Laufbahn mit Aussicht auf eine Beamtentätigkeit, die bei uns tatsächlich viel freie Zeit läßt.

Als Lehrer und zugleich Schriftsteller konnte ich mir mein Leben vorstellen. Chemiker waren gesucht, weil sie Mangelware waren. So studierte ich Chemie, Physik und Mathematik. Am Ende wollte ich Chemielehrer werden. Chemie ist in der Tat ein faszinierendes Fach, vor allem für Leute mit gutem Gedächtnis. Ich habe ein sehr gutes, deshalb war das Studium für mich nicht schwer.

Wegen meiner Eltern, die gerne Geschichten hörten, aber von den Hakawatis, den Kaffeehauserzählern, nicht viel hielten, war ich gezwungen, meine Vernunft um Hilfe zu bitten, damit ich diese Durststrecke, bei der ich vor dem Hunger davonrennen mußte, überstand. Und ich und meine Vernunft trösteten mein Herz mit der Hoffnung auf baldige Befriedigung. Aber es sind ja nicht nur meine Eltern, die ein merkwürdiges Mißtrauen gegenüber der Schriftstellerei haben. Können Sie sich eine deutsche Familie vorstellen, die sich beim Frühstück begeistert zeigt, wenn ihre Tochter oder ihr Sohn ihnen sagt: „Ich habe beschlossen, Dichterin (oder Dichter) zu werden"? Das erste, was diese Kinder hören würden, ist: Lern erst einmal einen soliden (wahlweise: anständigen) Beruf.

Und nichts anderes sagten meine Eltern.

Aber Ihr Herz mußte ja nicht lange warten. Bereits im Jahre 1966 gaben Sie die literarische Wandzeitung „Al-Muntalek" heraus. Was war das für eine Zeitung?

Eine Reaktion auf die Vernachlässigung unseres Viertels seitens der Regierung. Um es kurz zu erklären: Durch Spenden der Handwerker bekamen wir einen Holzrahmen mit Glastür und Neonlampe. Wir hingen die Wandzeitung in der Mitte der Gasse auf und schrieben in einer kleinen Redaktion auf Blätter mit guter Handschrift (wir besaßen ja keine Schreibmaschine) unsere Artikel. Der Rahmen hatte etwa die Größe 1 x 1,5 Meter. Auf diese Fläche klebten wir die Seiten. Die Zeitung enthielt pro Nummer einen politischen Essay, viele Gedichte und Geschichten, Satiren über Einwohner des Viertels, vor allem aber prangerten wir die Mißstände im Viertel an. Unten, damit die Kinder lesen konnten, waren Comics und Kindergeschichten, und so standen die Leute um diese Wandzeitung, und wer lesen konnte, der las den anderen laut vor.

Die Redaktion, das waren drei bis fünf Leute, traf sich bei mir zu Hause, und wir diskutierten die Themen bis zur Erschöpfung. Hier habe ich ein paar Geschichten unter verrückten Pseudonymen veröffentlicht. Am besten gefielen den Leuten meine Geschichten, die ich mit *G. B. Shaw* oder *F. Kafka* unterschrieb. Aber das wichtigste in dieser Phase war für mich, zu schreiben und in der Redaktion demokratisch mit den anderen darüber zu streiten. Die Suche nach Konsens mit den anderen Redakteuren, nach einem Minimum an Gemeinsamkeit, war wichtiger als das Schreiben selbst. Das war für mich neu.

Und Sie schrieben täglich, auch im Chemielabor?

Vor allem da. Nach der Diplomprüfung bekam ich in Heidelberg ein eigenes Labor mit Fenster zum Grünen und mit Schreibtisch. Als ich es übernahm, war es eine chaotische Hölle aus Gestank und bedrohlichen Flaschen, die nicht einmal etikettiert waren. Die Beseitigung war ein gefährliches Abenteuer, doch danach putzte ich das Labor, brachte Pflanzen hinein, eine Espressomaschine und fing mit der Forschung an. Und gleichzeitig schrieb ich Abhandlungen über die Schwierigkeit des Übersetzens, über das Exil, und ich verfaßte kurze Geschichten. Das war für mich ganz selbstverständlich, und da mein Chef humorlos war, entwickelte ich eine Technik der Geheimhaltung und konnte auf diese Weise schreiben, soviel ich wollte. Wenn er kam, sah er obenauf nur das Journal meiner Forschung, sobald er weggegangen war, schrieb ich an meinen Geschichten in dem gleichen Heft weiter. Wenn ich bis heute meine Arbeiten beim Entstehen niemandem zeige, dann nicht aus Angst, sondern weil meine Figuren absolute Geheimhaltung brauchen, um sich zu entfalten. Aber zu meinem Theaterstück, das von Studenten in Heidelberg aufgeführt wurde, lud ich einen österreichischen Kollegen und eine sympathische Kollegin ein. In diesen Räumen des chemischen Institutes verfaßte ich auch mit einem syrischen Kollegen das erste Buch in arabischer Sprache gegen Atomenergie und für den praktischen Gebrauch der Sonnenenergie. Das Buch ist 1980 nach einer langen Odyssee durch die arabischen Länder im zerbombten Beirut erschienen.

Aber es gab auch Phasen, in denen ich aus Verzweiflung nichts mehr schrieb. Alle Versuche, über Paris an arabische Verleger, Zeitschriften, Zeitungen heranzukommen, scheiterten kläglich. Ich hatte nur noch wenig Hoffnung, daß ich jemals ein Buch veröffentlichen könnte. Um der Traurigkeit zu entfliehen, stürzte ich mich in eine politische Hyperaktivität. Ich war ständig unter Menschen. Diese Phase ist die traurigste und einsamste Zeit meines bisherigen Lebens. Es waren die Jahre zwischen 1973 und 1977.

Habe ich Sie vorhin richtig verstanden? Sie zeigen wirklich keinem Menschen die Geschichten, an denen Sie gerade schreiben? Auch nicht Ihren nächsten Freunden?

Nein, niemandem. Ich muß ohne jeden Einfluß von außen die Geschichten so formulieren, wie ich sie erzähle. Ich probe viel, bis ich eine Geschichte festlege, aber bevor ich auch nur einem Menschen davon erzähle, muß die Geschichte stehen, dann gebe ich sie einem(r) privaten Lektor(in). Ich möchte keine meiner Geschichten einem deutschen Verleger anbieten, bevor der Text nicht die Qualität hat, die ein deutscher Dichter erreicht. Danach hat mein Lektor im Verlag immer noch genug zu tun. Und diese Lektorin ist seit nun sechs Jahren meine Frau, eine begnadete Germanistin und Literaturkennerin.

Warum unterwerfen Sie Ihre Texte einer so strengen Kontrolle? Sie bestehen darauf, daß der Text bis auf Komma und Punkt nach allen Regeln geprüft werden muß, bevor er Ihre Schreibwerkstatt verläßt. Ist das Ihr Hang zum Perfektionismus, oder verbirgt sich in einem solchen Verhalten die Angst vor Verletzungen, vielleicht sogar eine tiefe Unsicherheit?

Es ist beides und noch mehr. Ich war in der arabischen Sprache perfekt – soweit man so etwas über eine derart komplizierte Sprache sagen kann – und hatte durch das Studium der Weltromane verstanden, daß Literatur niemals nur Inhalt sein kann, sondern eine perfektes Sprachgebilde erfordert, das diesem Inhalt wie angegossen paßt und sich bisweilen mit dem Inhalt organisch verbindet.

Mein naiver, ursprünglicher Plan ließ sich nicht realisieren, im Exil auf arabisch zu schreiben und zu veröffentlichen. Die Gründe dafür sind mannigfaltig, und ich möchte Sie und die Leser damit nicht langweilen. Kurz und gut, dieser Weg verwandelte sich bald in eine Sackgasse.

Nun fand fast parallel dazu eine davon unabhängige Entwicklung statt. Ich fand in Deutschland und in der deutschen Sprache eine neue Heimat. So beschloß ich, meine Geschichten direkt auf deutsch zu schreiben – eine kleine Zwischenepisode endete schnell, als ich meine Texte auf arabisch schrieb und sie selbst übersetzte. Es war einfach nicht befriedigend und auch unproduktiv.

So betrat ich das Neuland. Ich war – und bin es bis heute – voller Geschichten und habe die deutsche Sprache erst mit fünfundzwanzig Jahren gelernt.

Das ist meine Realität, das ist mein Ausgangspunkt, den ich mir nicht gesucht habe. Die Herausforderung war enorm. Deutsch war zwar nach Aramäisch, Arabisch, Französisch und Englisch meine fünfte Sprache, aber ich beschloß, in ihr nicht nur ein Pfund Tomaten im Gemüseladen bestellen zu können, sondern den Gipfel aller Sprachgipfel, die Literatur, zu erobern. Literatur in einer fremden Sprache zu schreiben ist mehr als ein Beruf. Es ist eine Passion, mit all der Erhabenheit und dem Schmerz.

Wer Literatur in einer fremden Sprache schreibt, befindet sich in einem absolut einsamen Tunnel. Die Ursache hat mit der Herkunft dieser Autoren zu tun, mit dem Zeitpunkt, an dem sie das neue Terrain betraten, mit Nähe und Ferne zwischen der Gastlandsprache und der Muttersprache, mit früheren literarischen Erfahrungen in der Muttersprache, mit Aussicht und Hoffnungslosigkeit auf Rückkehr und vielen anderen Faktoren, die in der Kürze hier nicht ausführlich aufgezählt werden können, wie Bildung, Umgebung im Gastland, Finanzsicherheit, Angst vor Repressionen und vielem mehr.

Aus alldem erkannte ich nüchtern, unter welcher Voraussetzung ich meine Literatur schreiben kann. Ich will die schönsten Geschichten der deutschen Sprache mit dem mir eigenen (und mittlerweile erkennbar gewordenen) Stil schreiben, und *mein* Ausgangspunkt erlaubt mir die besten Möglichkeiten, und doch werden, solange ich lebe, kleine Fehler in meinen Texten bleiben, auch Unsicherheiten. (Versteht ein deutscher Leser diese Metapher arabischen Ursprungs? Ist diese Sprachkomposition schon kitschig?) Die Erkenntnis war für mich zuerst schockierend. Ich bemühte mich, durch alle möglichen Raffinessen meine durch die fehlenden Jahre der Kindheit in dieser Sprache verursachte Schwäche zu überwinden, doch es ging nicht. Plötzlich erkannte ich die Irrationalität meines Versuchs. Ich war bemüht, aus einem guten Tropfen Wein, den ich in mir trage, ein Parfum zu destillieren. Das ist unsinnig. Also beschloß ich, von Anfang an mit professionellen Lektoren zu arbeiten, die Wort für Wort mit mir die Fehler korrigieren.

Hätte ich diese Notwendigkeit nicht erkannt, so wäre ich kein Schriftsteller in deutscher Sprache geworden. Denn nicht der Wunsch, sondern die nüchterne Einschätzung der eigenen Voraussetzung diktiert einem Vernünftigen den Weg.

Die Verrücktheiten, die ich bisher geschrieben habe, hätte ich niemals so vehement verteidigen und durchsetzen können, wenn mein eingereichter Text sprachlich auf wackligen Füßen stünde. Jede Ausgangssituation wirft Probleme und Fragen auf und verlangt nach Antwort. Ich glaube, ich habe für meine Situation die bestmögliche Antwort gefunden.

Fühlen Sie sich verletzt, wenn ein Lektor arrogant auftritt und alles besser wissen will?

Die Arroganz verletzt nicht, sondern läßt einen Autor die Kälte der Fremde bis auf die Knochen fühlen. Wenn eine Lektorin etwa bei meinem Manuskript *Der ehrliche Lügner* während der Hysterie um Rushdie am Rande eines Dialogs, bei dem ein Muslim nur „O Gott!" sagt, die abfällige Bemerkung: „Glauben die Muslime an Gott?" schreibt, dann ist das nicht verletzend, sondern entlarvend. Sie kriegt ihren Senf mit einer Gegenbemerkung von mir: „Empfehle Ihnen einen VHS-Kurs Islam für Anfänger."

Doch manchmal gibt es Fälle, wo ich das Verhalten eines Menschen nur noch auf Irrationalität zurückführe. Ein Fall von vielen: Ich trennte mich 1992 von meinem damaligen Verlag, weil die Zusammenarbeit von Buch zu Buch schlechter wurde. Ich ging meinen Weg und suchte ohne Hast nach einem Verlag, und meine Fee stand mir bei, und ich fand einen der besten Verlage, bei dem nun meine Bücher erscheinen. Ein alltäglicher Fall unter Autoren und Verlegern.

Doch ungewöhnlich ist, daß mich der Verlagsleiter noch vier Jahre später angreift – und zwar in einer offiziellen Schrift zum Jubiläum seines Verlags –, indem er sich öffentlich und schriftlich an die „sprachlichen Mängel" meiner Romane erinnert. Dies ist wohl das erste Mal in der Geschichte der deutschen Literatur, daß ein Verleger über einen seiner Autoren so etwas schreibt, den er – im übrigen bis heute – erfolgreich im Programm hat. Die Arbeit am Text ist eine äußerst intime Angelegenheit zwischen Autor und Lektor. Das hätte der Verlagsleiter wissen müssen. Ich staune, wie jemand, der wie dieser Mann sein Leben mit Büchern verbracht hat, so handeln kann, und noch dazu, ohne daß ihn jemand warnt oder ihm ins Wort fällt.

Vielleicht sind Sie besonders empfindlich? Werden Sie durch Korrekturen verunsichert, innerlich getroffen?

Nein, gegen begründete Korrekturen bin ich nicht empfindlich. Wer bei jeder Korrektur an den Rand eines Nervenzusammenbruchs gerät, hat den falschen Beruf gewählt.

Meine Beziehung zur Sprache ist eine Liebesbeziehung und keine der Beherrschung. Schauen Sie sich meine Reden an. Ich erzähle das dort in aller Offenheit.

Mich macht eher neugierig, was andere an Fehlern finden, die meine Texte und die deutsche Sprache lieben. Ich setze mich hin und lerne all das wieder, aber die Sprache ist ein Ozean, und Literatur ist Arbeit an der Sprache, und da ist es fehl am Platz, infantil die Mimose zu spielen. Ich gehe weiter und sage, wenn ein Lektor – und das ist leider bei einem Lektor eines großen Verlages der Fall – dummes Zeug stehen läßt, nur weil es eine Ausländerin geschrieben hat, dann beweist er zwar einen höflichen Charakter, aber er schadet dem Verlag und der Autorin zugleich, und zwar gründlich. Das heißt aber nicht, daß ein Lektor um so besser arbeitet, je öfter er fremde Metaphern und Bilder herausschneidet.

Ich liefere meine Texte, die korrigiert wurden, ohne den Stil zu verändern ab, und nun muß mein Lektor im Verlag mit mir zusammen viel arbeiten, um herauszufinden, welche Synthesen meines arabischen Sprachreservoirs mit dem angelernten deutschen Wortschatz möglich sind und welche nicht, welche Versuche, stilistisch neues Land zu betreten, geglückt waren und welche nicht. Manchmal ist ein Satz richtig und wird trotzdem nur von denen verstanden, die mit Arabien zu tun haben. Es ist dann dumm, nicht daran zu arbeiten, denn ich schreibe ja nicht für Orientalisten. Um Gottes willen!

Aber nicht nur mein Ausgangspunkt bestimmt meine Aufnahmefähigkeit und Offenheit gegenüber Korrekturen, sondern die Bekämpfung einer der schlimmsten und hinterhältigsten Verführungen des Erfolgs verpflichtet mich gerade dazu.

Welche Verführung durch den Erfolg meinen Sie?

Erfolg verführt zu einer eigensinnigen Selbstverliebtheit. Es hat mit der Rache an der Welt, es hat mit Eitelkeit zu tun und mit einer krankhaften Steigerung von Rechthaberei. Ich könnte Ihnen bei erfolgreichen Autoren genau den Roman zeigen, wo sie auf niemanden mehr gehört haben, wo sie durch ihren Erfolg jede kritische Haltung im Verlag gelähmt haben und wie ihre Bücher von diesem Zeitpunkt an schlechter wurden, unvorstellbar schlecht sogar. Manchmal reichte bei Autoren ein dickes Lob eines der Literaturpäpste, und schon drehten sie durch und schrieben nur noch schwachsinnige Texte. Die Verleger mußten einen erfolgreichen Autor verlegen und ein zweites, drittes und viertes Buch nachschieben, weil bei diesem Autor die Startauflagen höher liegen als die Gesamtauflagen von zehn anderen Autoren – das ist nun mal ein Marktgesetz, und ein Verleger, der das nicht achtet, geht, wohl ehrenhaft und stolz wie ein störrischer Esel, unter. Der Verleger muß drucken lassen, bis die Verrisse zur Regel werden und die Buchhändler die Bücher dieses Autors zurückschicken. Dann ist es aus, und der Bestsellerautor verschwindet spurlos, als wäre er nie dagewesen.

Das ist das reinste Gift der Verführung, und ich könnte Ihnen wunderbare Romane von bekannten Autoren zeigen, die, wenn sie um einige Längen und Schwafeleinheiten, „Gartenlaube"-Psychoanalyse der Gesellschaft, Pläne zur Errettung der Welt und schlecht recherchierte Episoden gekürzt würden, Weltneuheiten, Perlen der Ewigkeit wären; doch so, wie sich das turbulente Leben vom kalten Tod nur durch einen unauffälligen Atemzug unterscheidet, waren diese Romane mit ihrem Ballast bei ihrem Eintritt ins Leben keine Juwelen, sondern billiger Straß.

Das verpflichtet mich zuzuhören, und mein verdammt gutes Gedächtnis verbietet mir, abzuheben und die kritischen Bemerkungen meiner Lektoren arrogant zu überhören. Mein Gedächtnis erinnert mich fast jede Nacht daran, daß ich der kleine Junge aus einer kleinen Gasse in Damaskus und eines der sechs Kinder eines bescheidenen Bäckers bin.

Wenn ich mir das Tag für Tag bewußtmache, genieße ich den Erfolg um so mehr.

Haben Sie als Autor jemals so etwas wie Zensur erlebt?

Nein. Ich habe in meiner zwanzigjährigen Tätigkeit als Autor in fremder Sprache alle Varianten von Lektoren erlebt. Es gab Streit, und es gab Lachen, konstruktive und destruktive Korrekturen. Aber am Ende sind meine Bücher so erschienen, wie ich sie wollte. Und kein Wort wurde zensiert.

Ich hatte aber einen Lektor in Kiel, der mir dauernd sagte: „Das sagt man nicht", und ich erwiderte: „Man nicht, aber Rafik Schami schon", und er war fair genug, es dabei zu belassen. Eines Tages aber veränderte er etwas hinter meinem Rücken. Es ging um die Dummheit der Männer. Ein eifersüchtiger

Mann läuft überall mit einer Truhe auf dem Rücken herum, in der er seine Frau eingesperrt hat. Er war stolz, daß er der einzige Ehemann war, der sogar während der Arbeit auf dem Feld seine Frau unter Kontrolle hielt. Ein nach der Wahrheit suchender, als Derwisch verkleideter König bittet ihn, die Truhe aufzumachen, um nach der Frau zu schauen, und alle Anwesenden entdecken die Frau mit ihrem Geliebten in der Kiste. Die beiden springen heraus und fliehen. Hier schrieb ich: „Die beiden Liebenden waren bald im Wald verschwunden." Der Lektor wollte aber „Die beiden Ehebrecher".

Ich lehnte ab. Und wir verbrachten Stunden bei einer Diskussion, warum ich das Wort Ehebrecher nicht in meinem Buch haben will. (Daraus entwickelte ich später eine kurze Satire mit dem Titel *Die Liebenden*. Sie ist im Band *Gesammelte Olivenkerne* erschienen.) Wir suchten nach anderen Alternativen, fanden jedoch nichts Besseres als die Bezeichnung „Die beiden Liebenden". Hinter meinem Rücken setzte der Lektor „die beiden Ehebrecher" ein, und ich entdeckte das erst, als ich das fertige Buch in der Hand hielt, da aber meine Bücher – dank meiner treuen Leserschaft – bald in die zweite Auflage gehen, habe ich „die beiden Liebenden" wieder in den Text plaziert, und so wurde das Buch ab der zweiten Auflage hundertprozentig so, wie ich es wollte. Der Band erschien vor kurzem in zehnter Auflage. Das ist eine glückliche Belohnung der Leser für die Sorgfalt.

Für Außenstehende, die nichts von der Entstehung eines Manuskriptes und von seiner Lektorierung im Verlag wissen, sind diese Beispiele sicherlich sehr anschaulich. Mußten Sie auch harte Auseinandersetzungen bestehen, nicht bloß Auseinandersetzungen um ein Wort (wobei ein Wort manchmal entscheidend sein kann)?

Ja, zweimal. Das erste Mal war es bei meinem Roman *Erzähler der Nacht*. Ich hatte vorher den Roman *Eine Hand voller*

Sterne mehr als zehn Verlagen angeboten, und alle hatten abgelehnt. Beltz brachte das Buch heraus, es wurde zum Welterfolg und bekam schnell viele Preise. Die Lektorin, die den Roman betreute, verliebte sich total in das Buch. Mein zweiter Roman *Erzähler der Nacht* war längst fertig. Ich bot ihn dem Verleger an, und nach vier Wochen bekam ich das Manuskript zurück mit einem langen Brief der Lektorin, die mir erklärte, warum sie von den zweihundertfünfzig Seiten hundertdreißig rausgeschmissen hatte und dafür etwa dreißig neue wünschte, die die Einführung eines jungen Helden beinhalten sollten, damit *Erzähler der Nacht* eine Fortsetzung des Romans *Eine Hand voller Sterne* werden könnte.

Es war für mich ein Schock, von dem ich mich erst zwei Tage später erholte. Ich haßte mich für mein Pech, denn gerade begann ich mich sicher zu fühlen. Wissen Sie, schreiben in der Fremde ist wie das Leben am Rande eines Abgrundes. Man ist zwei Drittel der Zeit mit dem Überleben und mit der Suche nach einem Verleger beschäftigt. Ich dachte, mit dem Roman *Eine Hand voller Sterne* wäre ich vom Rand abgerückt – und dann diese böse Überraschung. Ich wußte, ich konnte keine einzige Korrektur akzeptieren. Alle Korrekturen ablehnen bedeutete aber einen herben finanziellen Verlust für den Verlag, der diese Arbeit ja bereits geleistet hatte. Ich fühlte, daß, wenn ich an meinem Manuskript festhielt, dies wieder eine Zeit der Unsicherheit bedeuten würde. Aber ich konnte nicht anders. Ich habe nicht alles auf mich genommen, um bei meiner Literatur eine solche Deformierung meiner Geschichten hinzunehmen.

Ich lehnte also die Korrekturen samt und sonders ab und teilte dem Verleger mit, daß ich das Buch genauso herausgeben wollte, wie ich es geschrieben habe. Sollte es nicht möglich sein, so wollte ich das Manuskript zurückziehen. Nach langer Diskussion ließ er dann die Lektoratsarbeit seiner Mitarbeiterin fallen und übernahm selbst die notwendigen kleinen Korrekturen. Und so erschien *Erzähler der Nacht* in seiner jetzigen

Form, die ihn nicht zum Bestseller, sondern zum Longseller gemacht hat.

Drei Jahre später sollte der Roman *Der ehrliche Lügner* eine Fortsetzung von *Erzähler der Nacht* werden. Ich lehnte ab, und so erschien der Roman, wie ich ihn geschrieben habe.

Wie lange hat es gedauert, bis Sie als Schriftsteller anerkannt wurden? Anders gefragt: War Ihr Anfang schwer, oder ging alles von Anfang an glatt bei Ihnen?

Durch den Bruch, den das Exil meiner literarischen Laufbahn in Damaskus verursachte, muß ich den Zeitpunkt nehmen, zu dem ich anfing, in Deutschland zu veröffentlichen. Mein erstes Buch erschien 1978. Sechs Jahre danach, 1984, erzielte ich den ersten großen Erfolg. Ein kleiner Leserkreis und eine immer größer werdende Zahl von Zuhörerinnen und Zuhörern kannten mich wohl. Von jenem Jahr an übersprang die Lesungszahl die Marke 100 im Jahr, die Säle wurden immer größer, und der Verkauf der Bücher übertraf alle Erwartungen, und so war der Boden für einen Erfolg wie der von *Erzähler der Nacht* vorbereitet, und dann kamen die Übersetzungen und die Literaturpreise.

Der Anfang aber war sehr schwer.

„Wer soll so etwas überhaupt lesen?" fragte mich noch 1982 ein Verleger aus Bremen. Ich konnte nicht antworten.

„Paßt nicht in unser Programm" war die zweithäufigste Antwort von Verlagen, die alles von Koch- über Garten- bis hin zu Anarchismusbüchern aus allen Ländern veröffentlichten. Nur für mein Buch hatten sie keinen Platz. An erster Stelle aber stand die entmutigendste aller Antworten: Gar keine Reaktion.

Ein Kuriosum war die Antwort eines Verlegers: Er schickte mir kommentarlos das Gutachten eines Psychologen, der ihn warnte, mein Buch zu drucken, da dieses Buch (es ging um einen König, der das Lachen verbietet) nicht für Kinder geeignet sei, und warum? Weil seines Wissens das Lachen in der Bundesrepublik nicht verboten sei, und sich daher die Kinder mit meinem fiktiven Land nicht identifizieren könnten.

Andere wollten meinen Roman *Eine Hand voller Sterne* in die Form eines Märchens umgeschrieben sehen. Kurz und gut: Ich habe einen Ordner mit dem Titel „Freundliche Ablehnungen" angelegt, und es macht Spaß, einmal im Jahrzehnt hineinzuschauen und zu lachen.

Ich habe mir sagen lassen, daß Sie beim Schreiben sehr diszipliniert sind. Stimmt das?

Eine liebe Freundin nannte mich einmal „Araber mit preußischer Disziplin". Nun gut. Ich muß gestehen, sie hat übertrieben, aber ich arbeite in der Tat sehr diszipliniert. Aber Disziplin ist für mich eine Einsicht in die Notwendigkeit, eine vernünftige Beziehung zwischen der zur Verfügung stehenden Zeit und der gestellten Aufgabe herzustellen, und hat weder mit Gehorsam noch mit Kasernenkälte zu tun.

Bei einem Beamten hängt die Disziplin mit dem gesamten Plan zusammen. Durch die Kontrolle eines in der Regel höher stehenden Menschen sieht sich der Beamte gezwungen, sich eine bestimmte Disziplin anzueignen, damit das Amt in Betrieb bleibt.

Beim freien Beruf ist die Disziplin schwerer. Der sich Disziplinierende ist gleichzeitig der Kontrolleur, und das macht vielen große Probleme. Die Welt draußen ist verdammt schön und zieht einen immer wieder an. Doch abgesehen von den Ausnahmen der genialen Würfe, die weder Disziplin noch die Mühsal der Zeit nötig gehabt haben, wohnt in jedem Kunstwerk, das zu den Reichtümern der Menschheit gehört, eine große Disziplin, und das ganz gleich, ob es sich um eine Kathedrale, ein Gemälde, ein musikalisches, literarisches oder philosophisches Werk handelt.

Gibt es niemanden, für den Sie Ausnahmen machen und Ihre „preußische Disziplin" vergessen?

Doch, für meine Frau und meinen Sohn pfeife ich auf jede Arbeit. Wenn sie mich brauchen, und sei es zum Eisessen, Autofahren oder für irgendeine Hilfe, lasse ich alles liegen und eile zu ihnen. Und ich weiß, daß ich danach mit größerer Energie die Zeit wieder einholen kann.

Wer Ihre Bücher kennt, weiß auch, daß Ihnen der Zirkus sehr viel bedeutet – beinahe so, als wäre der Zirkus eine Metapher der ganzen Welt oder die Welt ein riesiger Zirkus. Wann begann Ihre Zirkus-Leidenschaft, und wann wuchs sie sich zu einer Liebe aus?

Wenn Sie erlauben, möchte ich bei der Antwort Circus immer mit zwei C schreiben. Ich bin ein großer Bewunderer des Circus und habe noch nie einen Circus getroffen, der sich mit Z und K schreibt. C ist rund wie die Manege und die Arbeit, die darin geleistet wird.

In der Tat ist Circus eine Metapher für die ganze Welt. Aber er ist, genau betrachtet, auch ein Vorbild für einen guten Schriftsteller. Das Schwere leicht erscheinen lassen. Nicht dem Leser die eigene Belesenheit unter die Nase reiben oder ihm erzählen, mitten im Roman, wie schwer die Arbeit ist, sondern das Resultat zeigen. Der große Chaplin zeigte nie, wie viel Arbeit er in jede einzelne seiner Szenen steckte, die oft Monate härtester Arbeit forderte, nur um danach ein Spiel von ein paar Minuten zu produzieren. Auch er war ein großer Circusliebhaber.

Ich fand im Circus auch das Bild einer möglichen Gesellschaft: Dort arbeiten Menschen verschiedener Herkunft ganz selbstverständlich miteinander, und man wird für seinen Beitrag und nicht wegen der Herkunft bewundert.

Meine erste Begegnung mit dem Circus fand in der Kindheit statt. Es war ein alter, heruntergekommener indischer Circus, der aber immerhin damals die Reise von Indien bis Damaskus geschafft hatte. Aber die bewußte Liebe zum Circus entwickelte sich erst in Deutschland, und sie dauert bis heute. Ich habe zwei meiner besten Geschichten im Circus spielen lassen, weil ich dessen Atmosphäre nicht nur liebe, sondern durch lange Beschäftigung und Recherchen genau kenne. Ich habe sogar gewagt, neue Nummern in den Romanen vorzustellen, die meines Wissens noch kein Circus durchgeführt hat, und war überglücklich, als ein alter Circusartist alles genau überprüfte und mir einen lobenden Brief schrieb, daß alles in meinem Circus stimmte. Das war für mich die beste Literaturkritik, die ich je bekommen habe.

Der Circusdirektor Valentin Samani in der Reise zwischen Nacht und Morgen ist süchtig nach Büchern. Sie sind seine „stetige Liebe, deren Entzug er keinen Tag ertragen konnte". Gilt das auch für den Autor Rafik Schami?

Lesen ist für mich kein Luxus, sondern eine Notwendigkeit. Es ist eine geheime Tätigkeit, auch wenn es in der Öffentlichkeit stattfindet, niemals wird ein Beobachter wissen, welcher Dialog in diesem Augenblick zwischen Autor und Leser geführt wird, welche Reisen diese ruhige Person in diesem Augenblick unternimmt, während sie uns gegenüber sitzt und in einem Buch liest.

Das wissen leider die Feinde des Buches mehr als dessen Freunde, deshalb bekämpfen sie nicht die Bücher, die kein Mensch versteht, sondern solche, die Herz und Hirn bewegen.

Ich bin genau wie Valentin süchtig nach Büchern. Aber ich bin kein Sammler. Ich habe eine dynamische Bibliothek, in der nur die Klassiker und ein paar hundert mir sehr wichtige Bücher konstant bleiben, die anderen Werke werden nach Gebrauch weiterverschenkt, so daß die Bibliothek trotz großer Käufe in Arabien und Deutschland und trotz großartiger Buchgeschenke der Verlage, der Freunde und Buchhändler seit zehn Jahren konstant bleibt. Sobald die Bücher in zwei Reihen stehen und anfangen, sich auf dem Boden zu türmen, führe ich eine Schlankheitskur durch. Sicher fällt die Trennung von manchen Büchern leicht, aber von den meisten fällt sie mir schwer. Doch ich weiß, daß die Stellen, denen ich die Bücher schenke, auch gute Gastgeber für die Bücher sein werden. Damit tröste ich meine Freunde, wenn sie in den Kartons liegend mich traurig und vorwurfsvoll anschauen.

Aber es stimmt, ich kann keinen einzigen Tag ohne Lesen verbringen und das seit meinem fünfzehnten Lebensjahr. Auch wenn ich krank oder auf Reisen bin. Ich bin wie Valentin süchtig nicht nach Zeitungen oder Zeitschriften, sondern nur nach Büchern. Und wenn ich Ihnen sage, daß ich den besten Beruf der Welt ausübe, so glauben Sie mir bitte. Ich mache selbst Bücher. Ich bin mein eigener Dealer.

Welche Bücher haben Sie beeinflußt, und welche wurden zu Ihren lebenslangen Begleitern?

Viele arabische, die hier unbekannt sind, die Bibel, Tausendundeine Nacht und etwa hundert weitere Bücher, die hier viel Raum einnehmen würden, wenn man alle aufzählen möchte.

Welche Autoren bewundern Sie?

Ich bewundere viele Autorinnen und Autoren, manche leben auf unserer Erde und andere ewig. Sie sind so viele, daß sie eine beachtliche Karawane bilden. Doch einige von ihnen ragen etwas über die anderen hinaus, weil sie mein Schicksal durch die Jahrhunderte teilten und in einer fremden Sprache schrieben, Lukian, Adelbert von Chamisso, Khalil Gibran, Joseph Conrad, Samuel Beckett, Anton Schammas und Abu Nawas, ein hier wenig bekannter arabischer Dichter persischer Abstammung, der radikal die arabische Dichtung erneuerte.

Haben Sie die oft zitierte Angst vor dem weißen Blatt?

Ich lese oft über sie, doch ich kenne sie nicht. Wahrscheinlich, weil ich vom mündlichen Erzählen her komme und die Geschichte nicht nur in meinem Kopf ihren Platz gefunden hat, sondern mehrmals zur Probe über meine Zunge gelaufen ist. Ich sitze nie da und überlege, was ich schreiben soll.

Und Sie kommen beim Schreiben nie ins Stocken?

Doch oft, weil eben, wie ich Ihnen erzählt habe, das mündliche Erzählen nicht identisch ist mit seinem schriftlichen Zwilling.

Was machen Sie dann?

Ich spreche mit meiner Frau oder Freunden über Gott und die Welt, repariere das Spielzeug meines Sohnes, telefoniere mit Damaskus oder den Freunden auf der ganzen Welt, und wenn das alles nicht hilft, dann koche ich. Das hilft immer. Meine Gerichte sind nicht schlecht, und dann serviere ich das an dem Tag besonders feierlich: die Reisbeilage als Sonne in der Mitte, geschmückt mit gerösteten Pinienkernen und das Gemüse wie ein Halbmond darum herum und dann ein Salat der Extraklasse, dann fühlt man sich einen Schritt weitergekommen. Währenddessen kocht die Frage in mir.

Wünschen sich Ihre Frau und Ihr Sohn öfters, daß Sie beim Schreiben ins Stocken geraten?

Das haben Sie nicht nötig. Ich koche sowieso dreimal in der Woche, an den Tagen, an denen ich unseren Sohn und den Haushalt betreue. Wir haben ein demokratisches System gefunden und dies von Anfang an. Drei Tage arbeitet jeder von uns, und der andere hält ihm den Rücken absolut frei. So kann meine Frau ihre wunderbare Kunst weitermachen, und ich kann unseren Sohn drei Tage intensiv betreuen. An den Tagen, an denen ich meine Geschichten schreibe, sehe ich ihn zwar, aber ich lebe die ganze Zeit in meinem Büro mit meinen Figuren, solange ich Kraft habe. Ich weiß nämlich, daß ich am nächsten Tag nicht nur Einkäufe mache und dem Leben auf der Straße mit all seiner Schönheit und Unzulänglichkeit begegne, sondern auch mit unserem Sohn spiele und lange Gespräche führe. Und wenn er schläft, im Kindergarten ist oder Besuch hat, kann ich Zeitung lesen, Musik hören und mir selbst das Geschriebene vom Vortag erzählen. Manche Geschichte habe ich mir über hundertmal erzählt, bis ich ihre Schwäche entdeckte.

Zum unverzichtbaren Handwerk eines Schriftstellers gehört die Selbstkritik. Welches ist Ihre größte Schwäche beim Schreiben?

Die Gier nach immer mehr Information über das Thema, mit dem ich beschäftigt bin. Das habe ich irgendwann über Joyce gelesen und von ihm gelernt. Der Autor muß während des Schreibens für kurze Zeit Experte für das Thema werden, über das er schreibt. Danach kann er alles vergessen, weil er wieder von neuem anfängt, Experte für ein anderes Thema zu werden. Diese Bemerkung über die Arbeit von Joyce hat meine Arbeitsweise beeinflußt im Positiven wie im Negativen.

Ich recherchiere über ein Thema so viel, daß ich wirklich – sagen wir als Beispiel: beim Formulieren meines Romans *Der ehrliche Lügner* oder *Reise zwischen Nacht und Morgen* alles, aber wirklich alles Erhältliche über Circus gelesen habe, und das, was ich schreibe, kann nicht einmal von einem Fachmann in Frage gestellt werden. Das ist das Positive. Die Behauptung, das sei überflüssig, weil der normale Leser nicht soviel Ahnung vom Circus habe, stimmt nicht. Jeder kluge und gute Leser, auch wenn er niemals im Circus war, wird bald durch sein Gefühl wissen, daß der Autor irgend etwas zusammengeworfen hat ohne Recherchen, ohne es je erlebt zu haben.

Das Negative ist aber, es gibt heute so schöne und interessante Bücher über jedes Thema, und wenn ich gerade fertig bin und ein sicheres Gefühl bekommen habe, entdecke ich plötzlich einen Hinweis auf ein neues oder altes Buch, das mein Thema behandelt, und da ich eine Sucht nach Büchern habe, geht das Lesen weiter, bis ich irgendwann erschrecke und abrupt aufhöre. Und bei einem Thema wie Gefangenschaft, Gefängnis oder der Beziehung Christentum/Islam können Sie ein ganzes Leben darüber lesen.

Fällt Ihnen das Schreiben heute leichter oder schwerer als früher?

Komischerweise schwerer. Nicht die Kniffe und Lösungen für inhaltliche oder strukturelle Probleme. Nach so vielen Jahren hat man Selbstvertrauen, wie man ein Thema professionell erfaßt, aber beim Schreiben bin ich wählerischer geworden, wahrscheinlich weil ich im Hinterkopf weiß, daß meine Bücher weltweit gelesen werden. Das ist eine Verpflichtung gegenüber dem Erfolg.

Was ist das wichtigste für Sie bei einer neuen Geschichte, die Sie schreiben wollen?

Da ich noch nie eine Geschichte wie eine frühere geschrieben habe, suche ich bei jeder Geschichte die passende Form, und das wichtigste für mich in der Form ist *die Stimme*, der Ton des Erzählers. Diese Stimme beinhaltet alles: Haltung, Stimmung, Tempo, Musik und viele andere Grundpfeiler der Form. Wahrscheinlich ist das so bei mir, weil ich meine Erzählungen zuerst mündlich und dann schriftlich konzipiere. Die Suche und Festlegung der Stimme mit all ihren Schichten ist für mich der wichtigste Schritt im Roman, und bis ich beispielsweise herausgefunden habe, daß der Erzähler vom *Ehrlichen Lügner*, ein alter Mann ist, der im Krankenhaus liegt und seinem Zimmergenossen, und das sind wir, seine Zuhörer, eine Liebesgeschichte zwischen Lüge und Wahrheit erzählt, verging eine lange Zeit. Die Geschichte mit all ihren Details war bereits in einer anderen Form geschrieben, und irgend etwas hat mir daran nicht gefallen. Die Stimme des beim ersten Entwurf jugendlichen Helden war unglaubwürdig. Als ich das entdeckte, schrieb ich das Ganze noch einmal um. Nun stimmte es. Das hat nicht viel an den Inhalten der Kapitel dieses Romans geändert, sondern an der Haltung, mit der sie erzählt wurde. Allein der erste Satz im Roman sagt alles: „Ich heiße Sadik, aber nicht einmal das ist sicher. Denn bereits das erste Wort, das ich sprach, war gelogen ..."

Heute bin ich auch sicher, daß *Eine Hand voller Sterne* seinen weltweiten Erfolg und die vielen Preise nicht erzielt hätte, wenn ich den Erzähler wie im ersten Anlauf in der dritten Person gelassen hätte. Er war ein Beobachter des jugendlichen Helden, distanziert und weise. Auch der zweite Anlauf führte nicht zu einem befriedigenden Ergebnis. Es war besser, aber es hat mir nicht gefallen. In der Ichform erzählt, war mir der Held zu geschmeidig und höflich. Nein, erst beim dritten Anlauf, den ich mitten auf einer Tournee unternommen habe, fand die Geschichte ihre jetzige Form: die des Tagebuches, brüchig wie der Alltag des Jungen, direkt und hemmungslos, da er ja sein Tagebuch für sich schreibt. Ich schrieb den Roman von Hotel zu Hotel um, und bis heute weiß ich: den Schlußsatz habe ich in einer winzigen Pension in Merzig (Saarland) in der Nähe eines Wolfsgeheges geschrieben.

Wissen Sie eigentlich immer schon vorher, wie Ihre Geschichten enden?

Nein, eher selten, denn die Geschichten bekommen ein eigenes Leben, das manchmal ein geplantes Ende umschmeißt. Planen tue ich alles, aber die Lebendigkeit und Glaubwürdigkeit einer Geschichte haben den Vorrang und nicht mein Plan.

Erlauben Sie mir noch ein paar neugierige Fragen, die Ihre Schreibwerkstatt und vor allem Ihren bevorzugten Arbeitsplatz betreffen: Wo schreiben Sie am häufigsten?

In meinem schönen Büro. Ich habe viel Licht, und es ist immer warm, und über meinem Computer hängt ein Bild vom Flur vor unserem Wohnzimmer in Damaskus, wo ich als Kind immer gerne gesessen bin und den Jasmin, der aus dem Innenhof zu uns im ersten Stock kletterte, gerochen habe (dieses Gefühl beschreibe ich in meiner neuesten Geschichte: Milad, die gerade erschienen ist).

Sind Sie empfindlich gegen Geräusche?

Es kommt auf Quelle, Pegel und Art dieser Geräusche an. Ich bin nicht so empfindlich, weil ich in verhältnismäßig lauter Umgebung aufgewachsen bin. Doch beim Schreiben kann ich keine Lieder hören. Dagegen beflügelt mich Instrumentalmusik, vor allem die arabische, spanische, griechische und die Klassiker wie Bach, Mozart und vor allem Schubert.

Und singen Sie selbst dabei?

Um Gottes willen! Ich bin doch kein Selbstmörder. Aber ich habe nun mit fünfzig beschlossen, Klavierspielen zu lernen. Das erste Mal hatte ich mit zwölf versucht, ein Instrument zu erlernen, doch eine Ohrfeige beendete die erste und letzte Stunde damals. Die Ohrfeige hat mich so beeindruckt, daß ich achtunddreißig Jahre lang kein Instrument anfassen konnte.

Benützen Sie unterwegs einen Laptop?

Nein, einen Laptop brauche ich nicht. Ich schreibe unterwegs mit der Hand, und es tut gut, diese Tätigkeit nicht zu verlernen.

Manche Schriftsteller haben ganz bestimmte Zeiten, in denen sie konzentrierter und aufnahmefähiger sind. Wann schreiben Sie am liebsten?

Morgens und nachts. Am frühen Morgen bin ich sehr frisch, und nachts liebe ich die unglaublich tiefe Ruhe.

Haben Sie eigentlich keine Angst, daß Ihnen die Themen ausgehen könnten?

Nein, ich habe ausgerechnet, wenn ich ununterbrochen schreibe, würden mir die Geschichten, die ich bereits heute in Entwürfen besitze, bis zum Jahre 2046 reichen. Länger möchte ich auch nicht mehr schreiben.

Haben Sie sich mit Projekten beschäftigt, die völlig scheiterten, obwohl sie viel Arbeit gekostet haben?

Ja, viele kleine Geschichten, ein Theaterstück und zwei Romane, bis zum letzten Satz formuliert, und trotzdem gefielen und gefallen sie mir nicht. Sie warten in der Schublade auf die rettende Eingebung. Eine große Mappe ist voll von Fragmenten und Projekten, die in einem frühen Stadium gestorben waren.

Mich würde interessieren, warum Ihnen die beiden ausformulierten Romane nicht mehr gefallen haben.

Bei den Romanen war es zum größten Teil der gute Wille und zum anderen Teil das Nachahmen meiner Vorbilder.
 Im ersten Roman über die Zerstörung Malulas durch Gift und Korruption formulierte ich die Idee zu Tode durch den

Willen, Malula und seine Bewohner unbedingt retten zu wollen, und so wurde die an sich gute Idee zu einer langweiligen Moralpredigt.

Beim zweiten Roman ging es um den Bruch im Bewußtsein eines Menschen, der in seiner Vorstellung von der Welt zufrieden lebt, bis eine Katastrophe ihn erschüttert. Ich wählte einen einfachen Mann, der den Weg eines Intellektuellen kreuzt. Es war die Anlehnung an Nikos Kazantzakis' *Alexis Sorbas*.

Im Hinterkopf hatte ich meinen Nachbarn David Tangar, einen Analphabeten und zugleich weisen alten Mann. Doch wurde die Figur zu dem *Propheten* von Gibran und seine Frau zu der *Mutter* von Gorki, und bald hatte der Roman kein eigenes Leben mehr.

Und wie lange haben Sie an beiden Romanen gearbeitet?

Insgesamt drei bis vier Jahre. Aber diese Zeit ist nicht verloren. Sie ist eine gute Schulung in der Frage des „guten Willens". Und aus einer selbstkritischen, ironischen Bemerkung über die Figuren des zweiten Romans ist später ein Hörspiel geboren worden. Ich schrieb am Rand des Textes giftig gegen mich selbst bei manchen Dialogen „Kazantzakis S. 45" oder „Gibrans Prophet S. 34 läßt grüßen", um anzudeuten, wie nahe diese Äußerungen ihren Vorbildern auf den Leib gerückt waren. Dann aber notierte ich unten auf der letzten Seite: „Wie wäre es, wenn man Klassiker (Dichter und Philosophen) miteinander durch Zitate sprechen läßt?" Zwanzig Jahre später führte ich das aus. Ich schrieb ein Hörspiel im Auftrag des SDR über einen Besuch bei Heinrich Heine zu seinem 200. Geburtstag. Alle Antworten Heines sind Zitate aus seinem Werk.

Sie haben mir einmal gesagt, Sie wollten den schönsten Liebesroman aller Zeiten schreiben – und dazu auch noch ohne Kitsch: Ihr literarischer Traum erscheint mir wie eine Quadratur des Kreises. Manchmal habe ich den Eindruck, daß unsere zeitgenössischen Autoren deshalb so oft an Liebesgeschichten scheitern, weil sie der Liebe nichts mehr zutrauen und in jedem Gefühl eine Kitschfalle argwöhnen. Warum schwebt Ihnen ausgerechnet ein Liebesroman vor? Oder anders gefragt: Was hat die Literatur mit der Liebe zu tun?

Ich fange mit der Antwort diesmal von hinten an. Literatur, wie ich sie verstehe, hat primär mit Hoffnung zu tun. Die Hoffnung ist eine Tochter der Liebe, und insofern hat die Literatur mit ihr zu tun. Es gibt andere Berührungspunkte zwischen Liebe und Literatur, die ich heute nicht verraten will, weil das dann viel von meinem Roman vorwegnimmt. Doch kein Gefühl wurde seit Menschengedenken mehr mißverstanden und mißbraucht wie die Liebe, in deren Namen Menschen gequält und deformiert wurden. Hören Sie doch bitte den bleischweren Schmalz der Lied er über die Liebe, sehen Sie sich einen dieser angeblichen Liebesfilme an, die in einem eher Haß auf Autor, Regisseur und Schauspieler dieser Filme erzeugen.

Lieben und geliebt werden ist eine Sehnsucht der Menschen, und seit uralten Zeiten wußte man um die Schwäche der Menschen gegenüber dieser Sehnsucht und nutzte sie aus. Daher hat es jeder Künstler, der es mit der Liebe ernst meint, schwer, diese Gratwanderung zu vollziehen und von der Liebe zu erzählen. Damit hat es zu tun und nicht, daß man der Liebe nichts mehr zutraut. Vielleicht haben Sie recht in einzelnen Fällen, aber die Gefahr bei einer Liebesgeschichte, sich schnell in fest eingefahrene Muster zu verfangen, ist groß.

Warum schreibe ich jetzt über die Liebe?

Diese Frage ist sehr schwer zu beantworten. Ich schreibe nicht erst jetzt an dieser Geschichte. Ich habe bereits 1986 einige Kapitel vor laufender Fernsehkamera vorgetragen, dann ging die Geschichte nicht weiter. Warum? Weil ich die Stimme des Erzählers nicht gefunden habe, die die Geschichte glaubwürdig erzählen könnte. Diese Geschichte fährt mit mir in einem kleinen Schrank meines Gedächtnisses seit über vierzig Jahren. Ich war etwa zehn Jahre alt, als eine verbotene Liebe in der Nachbarschaft entdeckt wurde. Und die Bilder sind in meinem Kopf heute noch so klar wie damals. Nun fühle ich die Reife, diese Geschichte zu schreiben. Deshalb jetzt.

Und ich übertreibe nicht, wenn ich sage, sie wird eine der schönsten und deftigsten Liebesgeschichten, die je ein Mensch geschrieben hat.

Wie entsteht die Idee zu einem Roman? Was muß geschehen, daß aus der Idee eine Geschichte wird?

Ich muß sie vor meinem inneren Auge wie einen Film sehen. Nicht unbedingt klassisch aufgebaut, aber sie muß faßbar als Handlung sein, erst dann eignet eine Idee sich für eine Geschichte. Doch nicht selten scheitert sie bei der Ausführung, denn im Detail liegt die Wahrheit einer Geschichte. Deshalb bleibt manchmal eine wunderbare Idee in einem mittelmäßigen Fragment stecken.

Wenn man Ihre Bücher liest, könnte man annehmen, daß die Phantasie bei Ihnen nur so sprudelt und das Schreiben leicht von der Hand geht. Ich vermute aber, daß das Gegenteil der Fall ist. Wie erleben Sie das Schreiben?

Schreiben ist eine abenteuerliche Knochenarbeit, die oft zäh und langsam geht. Schriftsteller, bei denen Phantasie und Sprache nur so dahinfließen, leiden bald an Diarrhöe.

Und was ist das Schwierigste bei einer Geschichte?

Sehr selten das Ende, oft der Anfang. Den ersten Satz im *Ehrlichen Lügner* fand ich lange nicht. Ich weiß es bis heute noch: Nach einem Arbeitstag machte ich mit meiner damaligen Freundin und heutigen Frau einen Spaziergang durch die

Weinberge. Es war eiskalt, und wir redeten über Gabriel García Márquez und seine lange Suche nach den Anfängen seiner Romane. Plötzlich war mir ein Satz wie vor den Augen erschienen: „Ich heiße Sadik, aber nicht einmal das ist sicher".

Das war es.

Dieser Satz hat nicht nur eine Einleitung von etwa dreißig Seiten überflüssig gemacht, sondern er enthielt den ganzen Roman. Wirklich den ganzen.

Aber bei mir ist immer die Suche nach der Stimme des Erzählers am schwierigsten, weil sie, wie ich Ihnen vorhin erzählt habe, das Wichtigste in meinen Geschichten ist.

Das zur Form.

Beim Inhalt ist es am schwierigsten, meine Meinung hineinzuschmuggeln, ohne daß die Leser es spüren. Und nur wenige, die mich gut kennen, können meine Geschichten trotz ihrer unterhaltenden Tarnung aufknacken. Ich bin ein ziemlich erfahrener Schmuggler geworden.

Gibt es zwischen Ihnen und Ihren Figuren so etwas wie eine persönliche Beziehung? Kommt es vor, daß Sie eine der dargestellten Personen besonders in Ihr Herz schließen oder vielleicht auch hassen?

Und wie! Als ich beim Roman *Eine Hand voller Sterne* begriffen habe, daß Onkel Salim sterben muß, damit der Junge sich abnabelt, wurde mir plötzlich klar, wie nahe dieser Kutscher nicht nur dem jungen Helden, sondern auch mir geworden ist. Ich versuchte verzweifelt, ihn zu retten, konstruierte seine Heilung und ließ ihn dann mit dem Jungen streiten und ... es ging nicht. Er mußte sterben, weil das Leben von neuem anfängt und der Junge in die Welt ohne diesen weisen Mann hinausgehen muß. Und eines Nachts dann starb Onkel Salim, und ich weinte selbst bitter und war die ganze Woche danach traurig.

Genauso erging es mir beim Sterben des edlen Nabil in der *Reise zwischen Nacht und Morgen*, den ich mit all seiner Unzulänglichkeit, Naivität und Weltfremdheit geliebt habe. Und mit welchem Genuß ich einen Bürgermeister der Stadt Damaskus namens Hussni Bey (im Roman der Bürgermeister, in Wirklichkeit der erste Putschist in der Geschichte Syriens und Arabiens, dessen Vorname auch Hussni ist) in meinem jüngsten Buch Milad demütigen lasse, verrate ich Ihnen lieber nicht.

Was empfinden Sie für das Buch, das Sie gerade fertiggestellt haben?

Nichts. In dem Augenblick, in dem ich das Buch einmal durchgelesen und festgestellt habe, daß alles so da steht, wie ich es mir gewünscht habe (wenn nicht, wird das in der zweiten Auflage nachgeholt), ist das Buch für mich erledigt. Das ist ja der große Unterschied zu einem Kind, daher ist der Vergleich auch metaphorisch nicht ganz richtig, wenn Autoren von der Schwangerschaft mit und der Geburt einer Idee reden. Das ist der Neid der Männer gegenüber einer Fähigkeit, die nur Frauen haben.

Nach der Geburt wird das Kind von Tag zu Tag interessanter, vielsagender, voller Überraschungen. Ein Buch ist für dessen Verfasser interessant, solange es noch nicht fertig ist – auch ein zensiertes, falsch gedrucktes Buch ist noch nicht fertig –, und wenn alles richtig gedruckt vorliegt, so gibt es keine Entwicklung mehr. Punkt! Ende! Die Leser haben dann das Wort.

Wer Ihre Bücher liest, staunt über die Stärke der Frauen. Wie wichtig sind Frauen in Ihrem Leben?

Zunächst zu Ihrer Feststellung. Ich stelle die Frauen nach allen Kunstregeln normal dar, doch sie erscheinen sehr stark und zentral, weil wir in den meisten Romanen und Filmen eine gekünstelte Welt vorgesetzt bekommen, die nur Männer verherrlicht und Frauen an den Rand drückt. Daß dies irgendwann aufhören muß, wenn wir einen Schritt weiterkommen wollen, ist klar.

Zum anderen wäre ich nicht da, wo ich heute bin, ohne die vielen starken und weisen Frauen, die mich aufklärten, kritisch begleitet und geliebt haben.

Wir haben bereits darüber gesprochen. Aber ich möchte Sie jetzt noch einmal sehr direkt fragen: Hat Literatur eine gesellschaftlich-politische Wirkung?

Selbstverständlich hat sie eine derartige Wirkung, nur nicht so, wie die meisten es erwarten. Die Literatur kann nur leise und schüchtern Alternativen anbieten. Das Problem liegt aber darin, daß diejenigen, die aufzuklären sind, weder mich noch Gabriel García Márquez, noch Albert Camus, Peter Hoeg oder Franz Hohler lesen.

Doch von der Literatur Leistungen zu erwarten, die die Politik versäumt hat, ist ein dummer Gedanke, der oft Enttäuschungen verursacht.

Und – um mein satirisches Gift loszuwerden – wenn ich höre, was die Diktatoren der Welt alles gelesen haben, so verblaßt mein Vertrauen in die Wirkung des Buches.

Manche Schriftsteller, vor allem solche, die an Parteien gebunden sind, überschätzen durch ihre Eitelkeit und das Schmeicheln der Parteiführung die Wirkung ihrer Literatur, und dann blähen sie Hals und Brust auf und sprechen so, als hätten sie es in der Hand mittels eines Romans einen Herrscher, Mafiaboß oder gar ein Drogenkartell und dergleichen zu stürzen. Dabei kann ich Ihnen versichern, daß das Gift einer einzigen primitiven, analphabetischen Kobra so viele Herrscher erledigt, wie es alle Bücher seit Erfindung der Schrift nicht vermochten!

Woraus schöpfen Sie die Freude am Schreiben?

Beim Auftritt vor dem Publikum empfinde ich eine unendliche Freude. Ich muß mich nicht zwingen zu erzählen, sondern eher besteht die penible Vorbereitung meiner Auftritte darin, wie ich mich an bestimmten verführerischen Abschnitten bremsen kann, bevor ich den ganzen Abend an solch einem Punkt verweile.

Beim Schreiben schöpfe ich meine Freude daraus, daß ich mit den Jahren erleben durfte, daß meine Bücher Menschen tief berühren und lachen lassen. Die Tatsache, daß Menschen in Amerika, Australien, Afrika, Asien und Europa am selben Tag eine Geschichte von mir lesen und sich freuen, wagte ich vor Jahren nicht einmal zu träumen.

Gibt es noch andere Beweggründe, weshalb Sie schreiben?

Ja, es gibt einen Grund, der mich jeden Tag zum Schreiben treibt. Als ich in meiner Kindheit krank wurde und im Bett lag, fragte ich meine Mutter, warum man nicht ewig leben kann, da sagte sie: „Man hat die Pille dazu noch nicht erfunden", deshalb beschloß ich damals schon, Chemiker zu werden, um dem Lebenselixier auf die Schliche zu kommen, das seit Gilgamesch die Menschheit beschäftigt hat. Und während ich so vor mich hin forschte, erkannte ich eines Nachts im Labor das Geheimnis der Unsterblichkeit. Ich mußte bis Mitternacht eine Reaktion und deren Temperatur kontrollieren, und da diese Tätigkeit langweilig war, nahm ich das Buch eines arabischen Autors, der im neunten Jahrhundert gelebt hat, und staunte darüber, wie lebendig er war. Er sprach mit dem Leser, und er hätte vor mir sitzen und nicht moderner sprechen können. In diesem Augenblick erkannte ich, daß ich keine Pille mehr erfinden, sondern lernen mußte, sehr gut zu schreiben.

Und wenn ich den Tod um ein paar Jahre überlisten könnte, würde ich mich im Grab über seinen Ärger totlachen.

„Erzählen", so haben Sie einmal notiert, ist ein „Gesprächsangebot an die Leser". Nehmen Ihre Leser dieses Angebot an? Erhalten Sie viele Zuschriften, und haben sich daraus Korrespondenzen, vielleicht sogar freundschaftliche Beziehungen ent-

wickelt? Oder wollen Sie das Gespräch lieber auf den Dialog zwischen dem Buch und seinen Lesern beschränken? Welches waren die merkwürdigsten Briefe, die Sie bisher erhielten?

Erzählen im weitesten Sinne ist ein Gesprächsangebot. Erst dadurch erfüllt es die erste Bedingung seiner Existenz. Ich erhalte viel Post von Leserinnen und Lesern, und ich verdanke dieser Korrespondenz die tiefste Freundschaft meines Lebens. Auch andere Bekanntschaften entstanden, doch je bekannter ich wurde, um so größer wurde auch die Zahl der Briefe, und um so häufiger mußte ich mich kurz fassen, wohl wissend, daß ich vielleicht eine Freundschaft versäume, aber meine Briefe schreibe ich selber, und meine Zeit wird bei zunehmendem Alter knapper und meine Leserschaft größer.

Nun sind die Briefe alle merkwürdig. Ich würde niemals meinem liebsten Autor einen Brief schreiben und bin sehr verwundert, daß man sich die Zeit für mich nimmt und sehr geschmückte Briefe schreibt. Manchmal denke ich, daß das zu viel Ehre ist für einen, der schlecht Fußball spielt, Angst vor dem Fliegen hat und Autorennen für einen gefährlichen Blödsinn hält.

Unter den Briefen gibt es einige, die mich sehr tief berühren, wenn Kranke, in Krisen geratene Menschen durch meine Bücher Trost finden und mir das schreiben. Auch der Brief aus einer Forschungsstation am Nordpol hat mich sehr bewegt.

Andere Briefe bringen mich zum Lachen mit ihren Angeboten. Sie können sich nicht vorstellen, welche Einladungen ein berühmter Autor bekommt. Ich kann aber außer durch Lachen und manchmal einer witzigen Antwort gar nicht darauf eingehen. Würde ich all die Einladungen annehmen, so könnte ich ein lustiges und womöglich gefährliches, abenteuerliches Leben führen, aber das befriedigt mich nicht so wie z. B. die Erfindung der kleinen Geschichte vom *Schnabelsteher*.

Merkwürdig sind auch Briefe von Reisenden in den Orient, die mir nicht nur ihre Erlebnisse ausführlich schildern, sondern mir anbieten, mich mit Frau und Kind zu besuchen, um ihre Reise zu vertiefen. Ich lehne das stets höflich ab mit der Bitte um Verständnis, daß ich nicht die Reiseerlebnisse von Tausenden von Syrienreisenden vertiefen kann.

Es gibt eine andere Merkwürdigkeit. Im Jahr bekomme ich zwei, drei Briefe von Männern, die mir offenherzig berichten, daß sie mich zuerst gehaßt haben, weil ihre Frauen immer ein Buch von mir mit ins Bett nahmen und beim Lesen lachten, daß das Bett nur so wackelte und der arme Ehemann nicht mehr schlafen konnte, und daß sie dann halb zornig gebeten haben, diese Episode vorgelesen zu bekommen mit der Absicht, als Spielverderber die Leselust seiner Frau zu stören, doch dann fingen sie selbst an zu lachen, und seitdem lesen sie auch Schami, bevor sie schlafen.

Gibt es auch ärgerliche Briefe, die Sie am liebsten nicht erhalten hätten?

Ja, aber selten, damit muß man leben, wenn man zu einer öffentlichen Person geworden ist. Auch darunter gibt es Varianten. Manche verwechseln das Niederreißen von Dummheit mit dem Niederreißen ihrer Ehre und ihres Vaterlandes. Manche bestellen umständlich, aber höflich einen Text von mir für ein Buch, das sie für ihren Lebensgefährten vorbereiten und fangen großspurig damit an, die berühmten Autoren X und Y hätten bereits zugesagt. Ich lehne höflich ab, weil ich solche Texte nicht schreiben kann. Und fast immer kommt eine beleidigte und beleidigende Antwort.

Wenn es bei uns regnet, seufzen wir meistens: „Schon wieder!" In syrischen Dörfern aber wird der Regen mit dem Ausruf der Erleichterung begrüßt: „Endlich!" Sie haben dieses einfache Beispiel in einem Aufsatz gewählt, um uns zu zeigen, wie verschieden scheinbar gleiche Vorgänge an unterschiedlichen Orten und in unterschiedlichen Ländern aufgenommen werden können. *Das gilt genauso für die Sprache. Mit welchen sprachlichen Mißverständnissen mußten Sie sich als ausländischer Schriftsteller, der deutsch schreibt, auseinandersetzen?*

Die Differenzierung der Wahrnehmung geht weiter in die Tiefe der Zeit. Das erkennen Sie, wenn Sie ein Buch aus früheren Zeiten lesen, das nicht nur Sie bewegt hat, sondern ein Ereignis seiner Zeit war, und man ist enttäuscht, wie sekundär das Problem jetzt geworden ist und wie wenig uns die Zeilen nun sagen. Allein die unsterbliche Kunst vermag einige dieser Wahrnehmungsgrenzen zu durchbrechen. Sie erlangt Geltung auf Dauer und ist fast unabhängig von der Geographie.

Die Sprache als Kulturgut ist ein komplexes Gebilde, das seine Geheimnisse einem Fremden nicht leicht verrät.

In meiner Hamelner Rede verglich ich die Sprache mit einer Frau, die ein Haus bewohnt, und diese Frau läßt fremde Kinder schnell zu sich ins Haus; ist der Fremde jedoch erwachsen, so schließt sie die Tür, und man muß sie verführen, bis sie einem den Eingang zu ihrem Haus freigibt. Und ich beschrieb ausführlich, was der Fremde auf den Gängen der verschiedenen Stockwerke erlebt.

Mißverständnisse sind die Fallen, die den Boden plötzlich unter den Füßen wegziehen. Lange Zeit mochte ich das Wort „mögen" nicht. Noch länger das Wort „Mädchen" und am wenigsten die Formen der Höflichkeit der deutschen Sprache. Letzteres führte zu Mißverständnissen, weil meine Rede ohne Konjunktiv zu direkt war.

Viel ernster ist die Sache mit der „Besetzung" der deutschen Wörter, die einem Fremden völlig unbekannt bleiben. Hier wäre ein kleines Wörterbuch nicht einmal schlecht, das die besetzten Wörter der deutschen Sprache auflistet und die Hintergründe ihrer Besetzung erklärt. Ein solches Wörterbuch gibt es noch nicht. Auch viele deutschen Leser wissen nicht, woher das Wort *Schlitzohr, Mauscheln, Zigeuner, Arbeitslager, Negerlein, Ölscheich* oder *Mafia* kommt und wie besetzt es ist.

Auch antisemitische Wörter, die immer noch in unserem Alltag existieren, erkennt ein Ausländer nicht gleich. Auch das Wort Heimat wird dem Fremden in Deutschland immer schwer auf die Zunge kommen.

Ich habe bei Ihnen den Satz gefunden: „Phantasie spürt man um so weniger, je besser sie durchdacht ist." Können Sie das Verhältnis zwischen Phantasie und Rationalität in Ihrem Werk etwas genauer beschreiben? Wir neigen ja immer noch zu der naiven Auffassung, daß Literatur nichts Gedachtes ist und vornehmlich dem Gefühl entspringt.

Literatur schöpft ihre Phantasie aus dem Leben in Form von Elementen und nicht in Form von Abbildung der Wirklichkeit. Diese Elemente müssen mittels Denken und Können synthetisiert werden, damit sie nicht die Welt, sondern eine literarische Welt ergeben, die so nicht existieren kann, und wenn sie gut gemacht ist, wird die Wirklichkeit bereichert. Und bedenken Sie, daß seit Menschengedenken erfunden und gemischt wird vom selben Leben und mit variablen Katalysatoren zu immer neuen Synthesen, daher mißtraue ich einer zu schnell gefundenen Möglichkeit einer Geschichte, weil sie bestimmt längst von anderen gefunden wurde.

Das Gefühl, oder wie es Mode wurde, den Bauch als Quelle der Geschichten zu definieren ist absurd. Der Bauch hat nur einen Ausgang, und aus dem kommen bekanntlich keine Geschichten. Und nur durch harte Kopfarbeit wird die Welt, die wir auf Papier schaffen, so lebendig, daß sie nicht mehr erfunden wirkt.

11.
Ein kleiner Basilikumtopf

Es gibt keinen zeitgenössischen Schriftsteller, der in seinen Büchern so viele unerzählte Geschichten versteckt, wie Sie es tun. Immer wieder stößt der Leser auf Wendungen „Aber das ist eine andere Geschichte", und plötzlich schlägt eine Tür vor ihm zu, ein Lebensfaden reißt ab. Ist diese Überfülle an Geschichten, bei der Sie sich selbst zur Ordnung rufen müssen, der Lust der Araber am Geschichtenerzählen zu verdanken, also ein arabisches Erbe? Können auch Sie, wie der Pferdedresseur Mansur in der Reise zwischen Nacht und Morgen, *über einen kleinen Basilikumtopf ins Erzählen geraten?*

Eine herrliche Frage! Und ihr und Ihnen zuliebe möchte ich ein kleines Geheimnis lüften: Der Satz „Und das ist eine andere Geschichte" ist durch die Jahre so etwas wie mein Markenzeichen geworden. Es gibt sogar Freunde, die sich von mir inzwischen mit diesem Satz verabschieden. Das mit den unerzählten Geschichten stimmt nicht ganz, denn oft tauchen sie unbemerkt an einer anderen Stelle im Roman auf, oder sie deuten eine frühere oder bereits geschriebene, aber noch nicht veröffentlichte Geschichte von mir an. Ich möchte durch Erzählfäden so unauffällig wie nur möglich all meine Bücher miteinander verbinden, ohne daß ich eine Geschichte wiederhole.

Bleiben wir bei der *Reise zwischen Nacht und Morgen:* Die junge Postbotin Pia schlägt ihrem Freund, dem um dreißig Jahre älteren Valentin Samani, ein Spiel vor, daß sie bei jedem Treffen ein Jahr älter, dafür er ein Jahr jünger wird. Valentin, den die Liebe verzaubert, geht darauf ein. Das Spiel ist eine Hommage an zwei andere Liebende in meiner Liebesgeschichte *Hände aus Feuer*, dort ist der Mann jünger und die Frau älter, und sie spielen dieses Spiel, bis der Mann bei einem Vorschlag der Frau ganz alt aus der Wäsche schaut, aber das ist wirklich eine andere Geschichte.

Nein, das hat mit Arabien wenig zu tun. Das entwickelte ich auf der Bühne, wenn ich innerhalb von zwei Stunden einen Roman von dreihundert Seiten ohne Hast erzählen wollte, so mußte ich viele seiner Episoden überspringen und dem roten Faden folgen.

Ob ich über einen kleinen Basilikumtopf ins Erzählen gerate?

Ja sicher, und wie! Auch ein leerer Blumentopf reicht für eine Geschichte. Und wenn Sie wirklich die Geschichte wünschen, dann sage ich ausnahmsweise nicht, das ist eine andere Geschichte. Möchten Sie ein Abenteuer hören, das ich wirklich wegen eines Blumentopfes erlebt habe?

Wegen eines Blumentopfes? Ja, erzählen Sie bitte.

Ich hatte durch die gute Zusammenarbeit mit meinem Verleger Christian Scholze in einer Rekordzeit die Aufnahmen für meine drei CDs in einem Studio bei Frankfurt beendet. Der Musikverlag *Network* produziert erfolgreich Musik aus aller Welt, und der Verleger liebt meine Geschichten seit meinen Anfängen. Er führte meisterhaft Regie, und ich war gut vorbereitet und habe ein genaues Drehbuch geschrieben und nicht einmal vergessen, den mit Kardamom gewürzten arabischen Kaffee mit ins Aufnahmestudio zu nehmen. Es hat alles gestimmt, und so beendeten wir die Aufnahme viel früher als geplant. Ich freute mich auf das Abschiedsessen und auf die frühere Rückkehr nach Hause und wollte, da meine Frau Blumen liebt und unglaubliche Züchtungen aus exotischen Kernen zieht, ihr einen besonders schönen Blumentopf mitbringen, doch ich war müde und hing im Verlag herum, las die Zeitung, schaute aus dem Fenster und gähnte. Christian Scholze mußte noch viel telefonieren, und so verabschiedete ich mich, und wir verabredeten, uns eine Stunde später zu treffen, um gemeinsam die Einkäufe für den Abend zu machen.

„Entspann dich, du hast es verdient, und auf der Zeil findest du viele Cafés und feine Geschenkläden."

Er nannte mir die Nummer der U-Bahn, die ich nehmen sollte. Die U-Bahn-Station war nicht weit vom Verlag. Ich ging hinaus. Es war sonnig und kalt, die Luft war herrlich, und mit jedem Schritt wich die Müdigkeit von mir, und eine Freude erfüllte mich. Dieses Projekt lag mir besonders am Herzen, denn *Erzähler der Nacht* war ein großer Erfolg, und nun hatte ich mit meiner Stimme das Werk auf Platten konserviert. Mit dieser Fröhlichkeit hüpfte ich die Treppen der U-Bahn-Station hinunter, immer je zwei Stufen zusammen, doch unten angekommen, erstarrte ich. Ich sah gerade, wie ein Jugendlicher einem anderen Gleichaltrigen einen Tritt in den Bauch gab und auf die Treppe, das heißt auf mich, zurannte. Der andere, halb lachend, halb blamiert vor den Leuten, löste seinen Kampfhund, einen Bullterrier, von der Leine und brüllte mit ausländischem Akzent: „Faß ihn!" All das sah ich in drei Sekunden, die zwei Schritte brauchen. Der flüchtende Jugendliche, auch ein Ausländer, raste an mir vorbei, und sein Gesicht blutete. Die Auseinandersetzung mußte schon eine Weile vor meiner Ankunft losgegangen sein. Auch seine Hose war zerrissen. Er sprang auf die Rolltreppe, rempelte die Fahrenden zur Seite, bis er die Mitte der Treppe erreichte, dann drehte er sich um und lachte. Ich erstarrte, weil der Hund wie ein Geschoß nachkam. Man sah seine Beine kaum, aber sein großes Maul war bereits halboffen, als lächelte er über den Auftrag. Doch aus irgendeinem Grund hielt der Hund hinter mir noch vor der Rolltreppe an, bellte fürchterlich und schaute zu seinem Besitzer. Ich ging langsam zum Gleis, als der Hund zornig schnaufend an mir vorbei zu seinem lädierten Herrn ging. Die U-Bahn fuhr ein, und ich stieg erst beruhigt ein, als ich sah, daß der Jugendliche mit seiner Bestie abzog.

Vor nichts auf der Welt habe ich so viel Angst wie vor Kampfhunden. Sie sind ziemlich blöd und blutrünstig. Zweimal in meinem Leben überfielen mich gehetzte Hunde blind vor Wut: Meine Schuld war nur, daß ich in dem Augenblick am Ort war. Ich mußte beide Male ins Krankenhaus und bekam die scheußlichen Spritzen gegen Tetanus oder Tollwut oder weiß der Teufel was für Krankheiten.

Später auf der Zeil vergaß ich den Hund und begann mich zu entspannen. „Einen Cappuccino mit Milch bitte", sagte ich im Straßencafé und bekam ihn mit sauer gewordener Sahne. Ich ließ die Tasse auf dem Tisch und verließ pfeifend und ohne zu zahlen das Café für Schwerhörige.

Und dann entdeckte ich einen Geschenkladen, einen der edlen mit kuriosen Flaschenöffnern, Stahlbesteck und Glaskunst. Ich wanderte zwischen den Regalen herum, und plötzlich schaute mich ein grinsendes Männergesicht von der anderen Seite des Regals an.

„Sind Sie Rafik Schami?" lautete seine Frage.

Ich bejahte. Das war ein tödlicher Fehler.

„Ich habe Ihnen geschrieben, und Sie haben meine Bitte abgelehnt", sagte der Mann.

In der Woche sind zwischen fünfzig und siebzig Briefe in meinem Postfach. Darunter mindestens zwei oder drei mit den verrücktesten Ideen. Leute, die mich in irgendeinen Vorstand wählen wollen. Sogar einer Bank! Ich habe ziemlich humorlos abgelehnt, ich hätte vielleicht zustimmen sollen unter der Bedingung, daß der Tressorschlüssel bei mir aufbewahrt werden sollte. Andere wollen mir eine Kreuzfahrt auf einer Jacht, einen Flug nach Amerika oder Japan schenken, und wiederum andere wollen mich als Überraschungsgast an einem Geburtstag ihres Partners präsentieren. Es gibt viele aufdringliche Formen. Nun, eine der häufigen Anfragen lautet vereinfacht: Wir haben einen Urlaub in Syrien gemacht und wollen mit Ihnen die Erlebnisse besprechen. Dafür habe ich einen Computerausdruck entwickelt, in dem ich kurz mitteile, daß ich nicht mit allen Syrienreisenden ihre Erlebnisse vertiefen könne. Der Mann hatte anscheinend eine solche Antwort bekommen. Und nun klebte er an meinen Fersen. Ob ich zu viele Anfragen bekäme, ob ich in Malula das und jenes gesehen hätte. Ich entschuldigte mich, daß ich es eilig habe, doch er blieb hartnäckig, die Syrer seien so großzügig zu ihm gewesen, warum sollte er nicht bei mir mit seiner Frau vorbeikommen und die Fotos mitbringen. Ich sagte ihm, daß ich absolut kein Interesse an der Betrachtung von Urlaubsfotos und dazu kaum Zeit hätte, meine eigenen Fotos vom Fotogeschäft abzuholen.

Ich sei bereits ein Deutscher geworden, sagte er beleidigt, denn kein Syrer würde einen Gast ablehnen. Hatte der eine Ahnung, dachte ich und sagte ihm, er habe recht, ich sei fast zu drei Viertel Deutscher geworden, und die Zellen der Gastfreundschaft seien bereits vom Deutschtum erfaßt, was ich aber keineswegs bedaure. Nichts bewirkt. Meine Lüge war kurzatmig, und es fehlte ihr die Gelassenheit.

Er lauerte auf mich vor dem Laden. Ob ich ihn nicht besuchen wolle. Er wohne in Höchst, und mit seinem Wagen seien wir in einer halben Stunde dort. Seine Frau liebe mich und würde sich sehr über die Überraschung freuen.

Nein, erwiderte ich und erklärte ihm, daß ich schnell zu meiner Frau und nicht zu seiner fahren wolle. Ob ich ihm nicht meine Telefonnummer gebe. Ich gab ihm die Nummer und war fast atemlos, denn der Mann beugte sich beim Sprechen immer zu mir, als wäre ich und nicht er schwerhörig, und hauchte mir seinen schlechten Atem gebührenfrei ins Gesicht.

Fast erschlagen ging ich schließlich von ihm weg und suchte in einem zweiten Laden nach dem Blumentopf, und da wurde ich fündig. Immerhin, dachte ich, doch der schöne Topf hatte einen Riß. Die anständige Verkäuferin hatte ihn an der Kasse bemerkt und versuchte im Lager einen zweiten Topf zu finden. Das Gesuchte nicht zu finden ist halb so schlimm wie es zu finden und nicht zu bekommen. Das war der Topf. In tiefem Blau, genau für meine Frau hergestellt. Nichts zu machen.

Ich gehe aus dem Laden, nun langsam wütend.

Ein paar hundert Meter weiter führte die Polizei eine Kontrolle durch. Es waren mehrere Polizisten und Ausländer, nach dem Aussehen nordafrikanische Araber, versammelt. Der eine stand harmlos mit dabei und gaukelte die Suche nach seinen Papieren vor, dann raste er plötzlich wie eine Rakete davon, ein Polizist versuchte mit Rufen und Drohungen ihn zum Stehen zu bringen, doch bald verlor er ihn aus den Augen. Als wäre ich ein Komplize dieses flüchtenden Arabers, rannte ich in ein großes Kaufhaus und haßte mich, warum verflucht noch mal, fühle ich mich gemeint, wenn irgendein Uniformierter jemanden kontrolliert. Ich dachte nach und fand bald eine logische Antwort. Es sind die Gene, die ich in mir trage und von einem meiner Urururgroßväter geerbt habe. Er war ein Straßenräuber. Diese Gene sind mit Angst vor jeglicher Uniform gefüllt.

Auf der Treppe zur U-Bahn mußte ich lachen, weil ich nicht den geplanten blauen Blumentopf, sondern einen Korkenzieher für meine Frau gekauft hatte.

Im Verlag angekommen, erzählte ich Christian Scholze von meinem sehr entspannenden Spaziergang. Er lachte. „Das ist eine typisch orientalische Übertreibung. Ich habe in den zwanzig Jahren meines Lebens in Frankfurt nicht soviel erlebt wie du in dieser Stunde. Junge, Junge. Frankfurt ist eine schlaffe Hose", und er lachte.

Wir mußten aber noch etwas für den Abend besorgen, und so gingen wir gemeinsam noch einmal aus. Schon drei Schritte vom Merianplatz, wo sich der Verlag befindet, spielte eine betrunkene alte Frau auf der Straße verrückt. Sie schubste und trat die Passanten. „Geht nach Hause! Geht nach Hause!" brüllte sie und warf sich auf die Leute.

„Hast du sowas gesehen?" sprach Christian mit trockener Kehle. Und jetzt passierte etwas, was ich noch nie erlebt habe.

Wir hatten beim Türken gerade Gemüse und Pide gekauft und kamen aus dem Laden, da ging eine Frau mittleren Alters vor uns mit einem großen Dobermann. Ich drückte Christian auf die Hand, er sollte seine Schritte verlangsamen, weil ich die Frau nicht überholen wollte. Der Hund sah sehr angriffslustig aus, und ich wollte ihn nicht im Rücken haben. Zwei Läden weiter zeigte Christian mir ein Antiquariat. „Hier kannst du auch ein paar interessante Bücher über den Orient finden", sagte er, und wir schauten eine Weile die Bücher im Schaufenster an. Es war auch ein altes Buch über die Kreuzzüge da, das ich nicht kannte, doch der Laden war zu, und so gingen wir weiter. In diesem Augenblick sah ich in zwanzig Meter Entfernung die Frau ihren Dobermann an einem an der Wand befestigten Metallring vor einem Supermarkt anbinden. Und die Frau lief, einen Korb in der Hand tragend, in den Markt. Plötzlich und wie vom Teufel besessen knurrte der Dobermann kurz, stürzte sich auf seine Leine und fing an, sie zu beißen und zu zerren. Wir beide erstarrten, auch andere Passanten wechselten die Straßenseite. Der Dobermann wurde immer wahnsinniger und biß und zerrte, bis er mit einem Ruck die Leine durchgebissen hatte und in den Supermarkt rannte. So ein Geschrei hört man sonst nur in Horrorfilmen.

Wir liefen davon und mußten lachen.

Und völlig aus dem Häuschen hielt Christian vor einem Schaufenster an und lachte sich kaputt. Er zeigte mit der Hand auf ein merkwürdiges Miniaquarium, in dem exotische Fische aus Kunststoff, hin und her tänzelten.

„Das ist das beste Geschenk für Heinz. Ich bin sicher, er füttert die Fische."

Heinz Schlott ist Professor für Germanistik in Frankfurt und ist wirklich schlimmer als die veralteten Karikaturen von zerstreuten Professoren. Seine Frau hat ihm das Autofahren verboten, weil er dauernd vergessen hat, wo er seinen Wagen geparkt hat. Seit drei Jahren fährt er Rad, inzwischen sein fünftes, wie Christian meinte.

Der Laden war einer dieser sogenannten Fundgruben, die billigen Schrott und Kitsch aus allen Ländern verkaufen. Wir traten ein. Und ich will mich bemühen, die Szene getreu zu schildern, weil sie so grotesk war, daß ich Mühe habe, sie ganz zu erzählen. Der Laden war groß, und überall türmten sich Kannen, Tassen und Teller aus wie Perlmutt schimmerndem Glas, Ölgemälde von weinenden Kindern, wilden Schimmeln und Rappen und Sonnenuntergängen, Lilien aus Kunststoff, Haushaltsgeräte und billiges Werkzeug. Ein Junge von sechs Jahren rannte auf uns zu und schoß mit einem jaulenden Maschinengewehr, das aus dem Weltall stammte, auf uns. Da wir aber nur lächelten, wurde der Junge ungehalten und drückte mir das Gewehr in meinen Hintern. Die Frau hinter der Kasse war eine gewaltige Erscheinung: kugelrund, braune Haut und eine Haarpracht wie ein Feuerwerk aus blauschwarzen Strahlen. Neben ihr schlief ein Mann mittleren Alters auf seinem Stuhl sitzend. Die Frau beäugte uns, trat den Mann ans Schienbein, und als er erschrocken hochfuhr, knurrte sie ihn auf türkisch an, und er zog leise jammernd davon. Dann aber, als das Kind mich zum zweitenmal angriff, sandte die Frau ihre Botschaft mit liebevoll gedämpfter Stimme auf türkisch Richtung Vorhang hinter sich und drehte sich zu Christian. „Bitte, schön", und Christian sagte ihr, daß er die Fische wolle. In dieser Sekunde kam eine junge, bildhübsche Frau hinter dem Vorhang hervor. Sie trug Hose und Jacke aus schwarzem Leder. Ein Baby nuckelte an ihrem Busen. Sie rief nach dem kleinen Weltraumfahrer, und als dieser statt zu ihr zu rennen, nun auch Christian angriff, kam die Frau zu uns herüber, gab dem Soldaten der finsteren Mächte eine schallende Ohrfeige, packte ihn an der Schulter und entfernte sich mit ihren zwei nun plärrenden Kindern. Ich schaute aus Verlegenheit zur Straße hinaus und sah, daß der Mann sich mit einem Arm am Stamm einer gewaltigen Roßkastanie stützend im Stehen schlief. Und ich kam mir vor, als wäre ich nun nicht in Frankfurt, sondern in einem Film von Fellini.

Die Frau versicherte uns, daß nicht nur die Fische, sondern alles bei ihr funktioniere, und die Kunden mit ihr sehr zufrieden seien. Wir gingen hinaus, und als Christian den schlafenden Mann sah, bekam er einen Lachkrampf, daß einige Passanten stehenblieben, den Kopf schüttelten und weitergingen.

„Bestimmt werden sie nun zu Hause erzählen, daß in Frankfurt inzwischen Verrückte leben, die ohne Grund mitten auf der Straße vor Lachen weinen und sich fast kugeln", sagte ich und nahm die Schachtel mit dem Pseudoaquarium aus seiner Hand, weil Christian sie nicht mehr halten konnte.

12.
Ängste, Träume, Hoffnungen

Die Zeit, so sagten Sie in unserem Gespräch, verläuft nicht linear. In jedem Augenblick sind alle ihre Elemente vorhanden: von der Vergangenheit über die Gegenwart bis zur Zukunft. Unsere Zukunftsvorstellungen können angstbesetzt sein – oder aus Träumen (Traumelementen) bestehen. Welche Zukunftsträume haben Sie? Sind vielleicht auch Ängste dabei?

Angst ist eine seltsame Bewohnerin in unserer Seele. Sie lebt, wächst, schrumpft, gebiert und stirbt wie ein Lebewesen. Vor allem aber ist sie ein Genie der Verwandlung. Schauen Sie in Ihre Vergangenheit zurück, welche unendlichen Varianten von Gestalten nahm die Angst im Verlauf der Jahre an. Sie ist die Tochter der Vernunft, auch wenn sie zuweilen unvernünftig erscheint.

Und die Angst bestimmt unser Verhalten und unsere Träume und Wünsche mit, nicht direkt, sondern wie eine graue Eminenz aus dem Hintergrund.

Im Privaten kreisen die Träume um das Glück meiner Frau und meines Sohnes, um den Traum, eines Tages mit ihnen zusammen mein Land sicher und ohne Angst zu sehen und mit meinem Sohn auf der Gasse zu spielen, wo ich als Kind gespielt habe. Und da ich viele Spiele der Kindheit immer noch spiele, bin ich nicht leicht zu schlagen.

Beruflich habe ich viele Träume. Der schönste wäre: den schönsten Liebesroman aller Zeiten zu schreiben. Dann wäre mein Aufenthalt auf Erden nicht umsonst gewesen.

Und Ihre Ängste?

Meine Ängste im Bezug auf Krankheit und Tod sind fast ein Plagiat, da mehrere Milliarden Menschen vor mir gewünscht haben, daß der Tod sie nicht quälen, sondern schnell seine Arbeit machen sollte. Das wäre für mich eine Gnade, so wie mein Vater und meine Mutter gestorben sind, friedlich, in Würde und schnell.

Ich arbeitete in den letzten sechs Monaten viel über Heinrich Heine – wegen eines Hörspiels zu seinem 200. Geburtstag – und war entsetzt über die Qualen, die dieser sensible Mensch jahrelang in seiner „Matratzengruft" ertragen mußte. Furchtbar! Er hatte die Geduld Hiobs und die Fröhlichkeit eines Kindes, und er schrieb einige seiner besten Gedichte in dieser Zeit und wünschte sich nichts sehnlicher als den schnellen Tod. Auch daß ich vor meiner geliebten Frau sterben möchte. Das ist so eine Sitte in Arabien: Erst sterben die Ehemänner und dann die Ehefrauen. So war es in meiner Familie seit Jahrhunderten, weil die Frauen generell die besseren Nerven haben und vernünftiger als die Männer leben.

Meine Wünsche und Zukunftsträume kreisen aber auch ständig um den Bestand der Erde, an dem ich zweifle. Nicht nur die Kontrolle über die Vernichtungswaffen gerät ins Wanken, sondern die Seuchen werden immer raffinierter und unzugänglicher für unsere Wissenschaft.

Welchen Hintergrund hat diese Angst bei Ihnen? Warum sind Sie skeptisch gegenüber den Wissenschaften?

Weil die Wissenschaften viel zu lang auf die Ausbeutung der Erde gerichtet waren und daher die ursprüngliche Weisheit verloren haben. Weisheit und Wissen klafften nie so weit auseinander wie in unserem Jahrhundert. Das hat verheerende Folgen. Ich war lange Jahre Naturwissenschaftler und weiß, daß in dieser Gruppe von Menschen, die das Gesicht der Erde am tiefgreifendsten verändert haben, selten einer über die Weisheit des globalen Denkens verfügt. Man bildet die Wissenschaftler zu kleinkarierten Forschern von minimalen Sektoren aus, die am Ende für die quantitative Ausbeute hervorragende Ergebnisse bringen, die aber das globale Denken und eine tiefempfundene Verantwortung gegenüber der Erde im Keime ersticken. Und es ist wirklich keine Geschichte aus der Phantasie, sondern aus dem Alltag, wenn man von einem Chemiker erzählt, der mit dem Fleiß einer Ameise Giftgase und hochgiftige Substanzen oder biologische Killer-Viren entwickelt und abends nach Haus geht, mit seinen Kindern spielt und mit ihnen und seiner Frau den nächsten Urlaub plant, ohne eine Sekunde daran zu denken, daß er den Tod seiner und Millionen anderer Kinder vorbereitet hat. Diese Art von Wissenschaft ist unfähig, auf die Gefährdung unserer Welt adäquat zu reagieren. Sie ist höchstens eine preiswerte Unterabteilung der Industrie, und in diesem Sinne verkommt sie zur Dienerschaft. Die Viren aber gehorchen keinem Diktat des Marktes und des neuen Vertriebsleiters, sondern verwandeln sich in genialer Weise mit dem einzigen Ziel: den Menschen zu überleben.

Daher meine Sorge.

Valentin Samani, der Circusdirektor, wird während seiner Reise in den Orient vom Glück begleitet. Sein Freund Nabil dagegen steht auf der Schattenseite des Lebens und vermag dieses Glück nicht herbeizuzwingen, obwohl er es versucht. In welcher Richtung neigt sich bei Ihnen die Waage?

Ich habe wirklich viel Glück in meinem Leben, denn wenn ich die Hürden ansehe, die ich überwunden habe, und die Gefahren, denen ich entronnen bin, dann brauche ich, nüchtern betrachtet, zehnmal so viel Intelligenz, wie ich besitze. Nein, ich habe eine tüchtige Fee, die mich schützt. Das erste Mal, als ich ihre Hand spürte, war in Syrien. Ich wurde als junger Chemielehrer an der Grenze Israels in eine heruntergekommene Schule versetzt, in der nur die Schüler wunderbar waren. Alles andere war verfault, vom Schuldirektor bis zur Tür der stinkenden Toiletten. Jede Woche gab es bewaffnete Auseinandersetzungen zwischen Syrien und Israel, und eines Tages war es sehr massiv. Die Artillerie verwandelte die Gegend in eine Hölle von Qualm, Staub und Feuer. Die Leute schrien durcheinander und ergriffen die Flucht. Auch ich hatte fürchterliche Angst. Ich stieg wie viele andere in das nächste Fahrzeug, es war ein kleiner Bus, der ins sichere Landesinnere zu entkommen suchte. Ich fuhr nicht einmal zwei Kilometer, als ein beklemmendes Gefühl mein Herz erfaßte. Ich sagte dem Chauffeur, daß ich aussteigen und lieber zu Fuß die Flucht ergreifen wollte. Er lachte mich aus. Nach kurzer Debatte stiegen etwa fünf Bauern mit mir aus, und wir suchten eilig das Weite. Der Bus brauste davon. Es war ein offenes Gelände und deshalb mußten wir vorsichtig gehen. Nach Stunden der Angst und des Durstes – es war mitten im Sommer – erreichten wir eine kleine Stadt, und man schenkte uns Wasser und Ruhe.

Am nächsten Tag erfuhren wir, daß der Bus samt Insassen von einer Rakete oder gewaltigen Granate zerfetzt wurde.

Auch bei anderen Gefahren fühlte ich die Hand meiner Fee, aber auch in weniger dramatischen Fällen, sagen wir bei Entscheidungen über den Weg meiner literarischen Arbeit, mischt meine Fee mit. Und es war gar nicht so schlecht, wie Sie sehen.

Bei der Lektüre Ihrer zuletzt erschienenen Bücher ist mir aufgefallen, daß sich das Thema des Alterns und des Alters immer stärker in den Vordergrund schiebt. Wenn Sie vom Älterwerden erzählen, schwingt meistens die Frage mit, wie dieses Älterwerden überlistet werden kann – beispielsweise durch die Liebe zu einer jungen Frau oder durch die Kinder, die dem Geschichtenerzähler Milad zuhören. Wie empfinden Sie dieses Älterwerden in Ihrem eigenen Leben?

Es ist ein kompliziertes Gefühl. Auf der einen Seite macht die Endlichkeit des Lebens die Suche nach dem Glück möglich. Sie führt uns vor Augen, wie wertvoll ein Augenblick ist. Auf der anderen Seite lichten sich die Reihen immer mehr um uns. Wir verlieren viele Freunde und gewinnen wenige hinzu, und die gnadenlose Hand der Zeit schiebt uns zu diesem Strich, von dem es kein Zurück mehr gibt. Diesen Satz hat mir meine Mutter gesagt, als sie so alt war wie ich heute.

Älterwerden heißt miterleben, wie wir verfallen, und das ist nicht gerade lustig. Begnadet ist der, wie ich es im erwähnten Roman erzähle, bei dem der Verfall von Geist und Körper Hand in Hand geht.

Der Grund meiner Beschäftigung mit diesem Thema waren zuerst meine Eltern, die immer kleiner und immer langsamer wurden, und weil ich die Vitalität meiner Mutter kannte, so war ihr Altwerden eine Lehre für mich. Dann aber fing ich an mich zu fragen, wie ich mir mein Altwerden wünsche. Damit war das Thema des Romans gegeben und beschäftigte mich dann für drei Jahre.

Sicher pflegen viele alte Menschen, die am Leben hängen, gewisse, auch strenge Diäten zu ertragen, um den Tod ein paar Jahre länger warten zu lassen, und das ist nicht schlecht, doch ich entdeckte bei meiner Recherche, daß nur die Liebe jeden Augenblick eines alten Menschen in einen Ozean des Glücks verwandeln kann. Die Liebe zu einem Menschen, ganz gleich ob er jünger – wie im Roman – oder viel älter oder gleichaltrig ist, macht das Herz jünger. Sie strafft nicht die Haut, tilgt nicht die Falten oder füllt die Glatze mit Haaren, sondern sie füllt Herz und Hirn mit Spannung, daß man voller Sehnsucht auf den nächsten Augenblick lebt, das heißt aber nichts anderes, als daß man immer jünger wird.

Eine letzte Frage habe ich noch nach all diesen Monaten, in denen wir unser Gespräch führten. Wonach sehnen Sie sich, wenn Sie eine große Arbeit beendet haben? Also auch nach der Fertigstellung unserer gemeinsamen Arbeit?

Nach dem Lachen meiner Frau.

```
***********************************************
 *************************************
  ***************************津
   ***********************
    *******************
     *************
      *********
       ******
        ****
         ***
          **
           *
```

Am Rande notiert
Nachwort von Erich Jooß

Es begann mit einem Anruf. Ob ich bereit wäre, ein Gesprächsbuch mit Rafik Schami zu machen ... Noch kein Wort über die Inhalte des Buches, nur ein paar Hinweise. Das Thema des Exils und seine Belastungen und Bedrückungen dürften nicht fehlen, genausowenig wie die Frage nach der Fremdenfeindlichkeit in unserer Gesellschaft.

Aber ist das Werk des Autors auf solche Alpträume reduzierbar, oder hat es, ganz im Gegensatz dazu, nicht etwas Befreiendes an sich? Eine Heiterkeit, die beinahe die Zwillingsschwester der Melancholie sein könnte ...

* * *

Dann die erste Überraschung. Rafik Schami ruft an, und er kommt ohne Umschweife zur Sache. Bevor ich ihm die erste Frage stellen kann, setzt er mir auseinander, wie er sich das Gespräch wünscht. Dabei fällt mir auf, daß er ganz praktisch vorgeht. Im Jargon der Macher könnte man auch sagen: zielorientiert. Mein Respekt wächst, und ich merke, daß ich von einem tiefverwurzelten Vorurteil über die Orientalen Abschied nehme.

Während unseres Gespräches werden mir noch viele dieser Vorurteile bewußt, bevor sie sich (hoffentlich) endgültig auflösen.

* * *

Wir einigen uns auf den Gedankenaustausch per Telefax. Von nun an gehen die Fragen und Antworten zwischen München und Mannheim hin und her. Zu Beginn des Gespräches möchte ich – wie könnte es auch anders sein – mehr über die Liebe des Autors zu Damaskus wissen. Für viele Leser von Rafik Schami ist dieses Damaskus (und erst recht Malula) ein Märchenort geworden.

Rafik Schami bestätigt meine Erwartungen, und er enttäuscht sie gleichzeitig. Wenn er auf Damaskus zu sprechen kommt, erwähnt er im selben Atemzug die Vertreibung aus dem Paradies. Wie gern würden wir auf die Schatten unseres Lebens verzichten! Aber könnten wir dann das Licht ertragen?

* * *

Ein Wort fällt mir auf. Scheinbar absichtslos kehrt es in den Briefen von Rafik Schami wieder. Ich stelle mir vor, wie er es ausspricht: „Gelassenheit". Damit tröstet er mich, wenn er zu lange auf meine neuen Fragen warten muß. Gelassenheit ist ein Zauberwort gegen jede Havarie unseres Gespräches. Es entschärft sogar den Zorn, den das dumpfe, ressentimentgeladene Deutschtum in mir auslöst.

Wer gelassen ist, vermag zu differenzieren und zeichnet wie Rafik Schami ein zurückhaltend freundliches Bild seines Gastlandes (oder soll man sagen: seiner zweiten Heimat?).

Geschickt im Lob verborgen, löst der Tadel keine instinktive Abwehr aus. Meine Achtung vor dem Pädagogen Rafik Schami steigt mit jedem Fax.

* * *

In vielen Gesprächssendungen des Fernsehens, deren Selbsteinschätzung als Talk-Shows durchaus zutreffend ist, behelfen sich die Moderatoren mit einem kleinen Zettelkasten. Möglichst wenig darf dem Zufall überlassen worden. Schon vor dem Beginn steht das Ergebnis des Gespräches fest.

Ganz anders bei uns: Wir folgen keinem Plan – das Gespräch selbst ist der Plan. Erst allmählich schälen sich Schwerpunkte heraus, werden Verzweigungen sichtbar, treten Zusammenhänge zutage. In der Überarbeitung (Nachbearbeitung) wird diese Unbekümmertheit hoffentlich nicht verlorengehen.

* * *

Manchmal fällt es mir schwer, Schritt zu halten mit dem Tempo meines Gesprächspartners. So geschieht es gelegentlich, daß Rafik Schami selbst Fragen an sich richtet. Auch der umgekehrte Fall kommt vor: Dann füge ich nachträglich eine Frage in den Text ein, markiere dadurch eine Pause.

Beschleunigen und verlangsamen, einatmen und ausatmen – jedes Gespräch zwischen zwei Menschen hat seinen ganz eigenen Rhythmus.

* * *

Nach einer längeren Reise findet Rafik Schami meine neuesten Fragen vor und stellt überrascht fest, daß er die Antworten bereits im voraus skizziert hat. Eigentlich kennen wir uns kaum. Ich bin ihm einmal begegnet – aber das ist schon lange her.

Jetzt frage ich mich: Gibt es so etwas wie eine innere Übereinstimmung, ein Ähnlich-Denken, ein Ähnlich-Fühlen über große Entfernungen hinweg?

* * *

Jedesmal freue ich mich auf die Antworten. Wenn sie eintreffen, lege ich alle anderen Arbeiten beiseite und fange an zu lesen. Dann ist es, als würde unsere Unterhaltung in diesem Augenblick neu einsetzen, und ich kann seine Stimme hören.

Die Direktheit, mit der Rafik Schami von seinen Verletzungen und von seinem Glück spricht, erstaunt mich. Bis ich erkenne, daß diese Direktheit der beste Schutz für ihn ist ...

* * *

Wir haben zwei, drei Regeln, nicht mehr, für unser Gespräch aufgestellt. Eine lautet: Der Autor muß nicht jede Frage beantworten. Das respektiere ich. Aber einmal, ohne daß es mir vorher bewußt wurde, überschreite ich die Grenze, die das Persönlichste vom Öffentlichen trennt. Prompt handle ich mir eine knappe, aber deutliche Absage ein.
Andere Regeln ergeben sich aus dem Gesprächsverlauf und dem ständigen Themenwechsel. Rafik Schami bittet um Erholungspausen zwischen den anspruchsvollen Gesprächsblökken. Er mahnt mich, auch nach alltäglichen kuriosen Erlebnissen zu fragen. „Denken Sie an den Circus", rät er mir. „Dort folgen auf schwere Nummern stets leichte und heitere."

* * *

Der Abgabetermin rückt näher. Fast hätten wir uns verschätzt. Jetzt müssen wir uns beeilen und zusammenfügen, was noch getrennt ist. Aber die Eile hat auch ihr Gutes. Nicht alles muß abgeschlossen und austariert werden.
   Daß wir überhaupt so weit gekommen sind, verdanken wir Root Leeb. Mit ihrer Mithilfe gelingt es, die Zeit zu überlisten und das Unmögliche möglich zu machen. Unser Buch kann pünktlich erscheinen.

Erich Jooß

Biographie Rafik Schami

1946	in Damaskus/Syrien geboren.
1965–1970	Gründung und Leitung der Wandzeitung „Al-Muntalek" im alten Stadtviertel von Damaskus.
1971	in die Bundesrepublik ausgewandert.
1971–1979	Arbeit in Fabriken und als Aushilfskraft in Kaufhäusern, Restaurants und Baustellen. Studium der Chemie. 1979 Promotion.
1971–1977	Veröffentlichungen in Zeitschriften und Anthologien, in arabischer und deutscher Sprache.
1980	Mitgründer der Literaturgruppe „Südwind" und des PoLiKunst-Vereins.
1980–1985	Mitherausgeber und Autor der Reihe „Südwind-Gastarbeiterdeutsch" und der Reihe „Südwind-Literatur" (insgesamt 13 Bände).
Seit 1982	freier Schriftsteller.

Bücher in deutscher Sprache

Andere Märchen	PDW (Bonn)	1978
Das Schaf im Wolfspelz	PAD (Dortmund)	1982
Luki	W. Fischer (Göttingen)	1983
Das letzte Wort der Wanderratte	Neuer Malik (Kiel)	1984
Der Fliegenmelker	Arabisches Buch (Berlin)	1985
Babs	W. Fischer (Göttingen)	1985
Der erste Ritt durchs Nadelöhr	Neuer Malik (Kiel)	1985
Bobo und Susu	Jungbrunnen (Wien)	1986
Eine Hand voller Sterne	Beltz & Gelberg (Weinheim)	1987
Malula	Neuer Malik (Kiel)	1987
Die Sehnsucht fährt schwarz	dtv (München)	1988

Der Löwe Benilo	Jungbrunnen (Wien)	1989
Erzähler der Nacht	Beltz & Gelberg (Weinheim)	1989
Der Wunderkasten	Beltz & Gelberg (Weinheim)	1990
Vom Zauber der Zunge	Im Waldgut (Schweiz)	1991
Der fliegende Baum	Neuer Malik (Kiel)	1991
Der ehrliche Lügner	Beltz & Gelberg (Weinheim)	1992
Das ist kein Papagei	Carl Hanser Verlag (München)	1994
Der brennende Eisberg	Verlag im Waldgut (Schweiz)	1994
Der Schnabelsteher	Nord-Süd-Verlag (Hamburg)	1995
Reise zwischen Nacht und Morgen	Carl Hanser Verlag (München)	1995
Fatima und der Traumdieb	Nord-Süd-Verlag (Hamburg)	1996
Loblied und andere Olivenkerne	Carl Hanser Verlag (München)	1996
Gesammelte Olivenkerne	Carl Hanser Verlag (München)	1997
Milad	Carl Hanser Verlag (München)	1997

Theaterstücke & Hörspiele

Der Kameltreiber von Heidelberg (RIAS)	Berlin	1986
Als die Puppen aus der Reihe tanzten. Regie G. Naasan. (Uraufführung) Dezember 1987	München	1987
Zu Besuch bei Harry Heine (SDR)	Stuttgart	1997

Kassetten & CD-Platten

Der Kameltreiber von Heidelberg	Patmos	1987
Verrückt zu sein ist gar nicht einfach	Network	1988
Malula	Network	1989
Der Wunderkasten	Beltz & Gelberg	1990
Murmeln meiner Kindheit (3 CDs & 3 MCs)	Network	1995
Erzähler der Nacht (3 CDs & 3 MCs)	Network	1996

Literaturpreise

1985   Adelbert-von-Chamisso-Förderpreis (BRD).
1986   Thaddäus Troll-Preis (BRD).
1987   Die blaue Brillenschlange (Schweiz).
1987   ZDF-Leseratten-Preis (BRD).

1987   Zürcher-Kinder- und Jugendbuchpreis (Schweiz).
1987   Ehrenliste des Staatspreises (Österreich).
1989   Smelik-Kiggen-Preis (Niederlande).
1990   Rattenfängerpreis der Stadt Hameln (BRD).
1990   Phantastik-Preis der Stadt Wetzlar (BRD.)
1991   Mildred L. Batchelder Award (USA).
1993   Adelbert-von-Chamisso-Preis (BRD).
1994   Hermann-Hesse-Preis (BRD)
1995   Preis der Deutschen Schallplattenkritik (BRD)
1996   Prix de Lecture à deux voix 96 (Frankreich)
1996   Preis der Deutschen Schallplattenkritik (BRD)
1997   Hans-Erich-Nossack-Preis (BRD)

Übersetzungen

Die Bücher von Rafik Schami sind bisher in 20 Sprachen erschienen: Deutsch, Französisch, Englisch, Italienisch, Spanisch, Japanisch, Katalanisch, Niederländisch, Schwedisch, Dänisch, Norwegisch, Baskisch, Slowenisch, Griechisch, Hebräisch, Arabisch, Urdu, Finnisch, Polnisch und Koreanisch.

Beiträge, Reden und Interviews
(Auswahl)

Literatur der Betroffenheit. Bemerkungen zur Gastarbeiterliteratur. Zusammen mit Franco Biondi. In: Zu Hause in der Fremde. Hrsg. von Christian Schaffernicht. Fischerhude 1981, S. 124-136.

Über den öffentlichen Umgang mit einem Sündenbock. Zusammen mit Franco Biondi und Gino Chiellino. In: Linkskurve. 1982, H. 3, S. 32-35.

Ein Gastarbeiter ist ein Türke. Zusammen mit Franco Biondi. In: Kürbiskern. 1983, H. 1, S. 94-106.

Warum heiratet der Prinz die Pförtnertochter nicht? Über Illusionäres und Revolutionäres der Phantasie I. In: Linkskurve. 1983, H. 2, S. 19-21.

Warten ist ein schlechter Rat in einer eilenden Zeit. Über Illusionäres und Revolutionäres der Phantasie II. In: Linkskurve. 1983, H. 3, S. 38-41.

Das Lachen der Außenseiter. Bemerkungen zu unserer Satire. In: Lachen aus dem Ghetto. PoLiKunst-Jahrbuch 3 (1985), S. 53-58.

Den Trägern der Zukunft erzählen. Ein Plädoyer für Kinderliteratur in der Fremde. Zusammen mit Eleni Torossi. In: Die Brücke. 1985/86, H. 28, S. 25f (Nachdruck in: Fundevogel. 1987, H. 36, S. 3-5.)

Dankrede zur Preisverleihung. In: Chamissos Enkel. Hrsg. von Heinz Friedrich. München 1986, S. 71-76

Die sieben Siegel der Zunge. Dankrede anläßlich der Verleihung des Thaddäus-Troll-Preises. In: Die Brücke. 1987, H. 37, S. 37-40.

Vom Zauber der Zunge. Reden gegen das Verstummen. Frauenfeld 1990

Der brennende Eisberg. Eine Rede, ihre Geschichte und noch mehr. Frauenfeld 1994.

Hürdenlauf oder von den unglaublichen Abenteuern, die einer erlebt, der seine Geschichte zu Ende erzählen will. Rede an der Johann Wolfgang Goethe Universität. Jahresgabe. Frankfurt 1996.

Das Lachen aus der Wunde, WoZ Nr. 19, Zürich, 10.5.1996

Die Bestie Exil. Gespräch mit der „Zeit", DIE Zeit, Nr. 34. Hamburg, 15. August 1997.

Im Brennpunkt

Annette Schavan
Schule der Zukunft
Bildungsperspektiven für das 21. Jahrhundert
Band 4611
Schule muß sich ändern: Annette Schavan entwickelt keine wirklichkeitsfremden Illusionen – sie zeigt realisierbare und zukunftsfähige Perspektiven.

Christian Feldmann
Wir hätten schreien müssen
Das Leben des Dietrich Bonhoeffer
Band 4610
Eine farbig geschriebene Lebensgeschichte, die die zentralen Themen deutscher Geschichte der Hitlerzeit mit einer aufregenden Biographie verbindet.

Alphons Horten
Rückblick auf ein Jahrhundert
Erinnerungen eines Zeitzeugen
Band 4599
Alphons Horten geht es in seinen spannend erzählten Erinnerungen nie bloß um Rückblicke, sondern um historische Analyse – und um Orientierungen, die in die Zukunft weisen.

Wolfgang Benz / Werner Bergmann
Vorurteil und Völkermord
Entwicklungslinien des Antisemitismus
Band 4577
Wo liegen die Wurzeln, die den Holocaust möglich machten? Ein Buch, das notwendig ist, um in der von Daniel Goldhagen initiierten Debatte mitreden zu können.

Hans Maier
Wie universal sind die Menschenrechte?
Band 4557
Ein kontroverses Thema, geklärt im Blick auf Geschichte und heutige Interessenkonflikte.

HERDER / SPEKTRUM

Doron Arazi
Itzhak Rabin – Held von Krieg und Frieden
Biographie
Band 4490
„Eine gediegene, kenntnisreiche Taschenbuch-Biographie, kein verlegerisch-kommerzieller Schnellschuß" (DIE ZEIT).

Herma Kennel
Es gibt Dinge, die muß man einfach tun
Der Widerstand des jungen Radu Filipescu
Band 4446
Eine wahre Geschichte über das Abenteuer der Zivilcourage – spannender als jeder Krimi.

Ursula Spuler-Stegemann
Muslime in Deutschland
Nebeneinander oder Miteinander
Band 4419
Spektakulär: Die Ausrufung des Islamstaates Türkei in Köln. Wer Kultur, Mentalität und Verhalten eines großen Bevölkerungsanteiles hierzulande verstehen will, braucht dieses Buch.

Anke Martiny
Israel – und du wunderst dich täglich
Innenansichten von Gewalt und Hoffnung
Band 4380
Ein anschaulicher Bericht aus dem Alltag in Israel, über die Farbigkeit und Widersprüchlichkeit, über die kleinen und großen Wunder eines der spannendsten Länder der Welt.

Ludger Kühnhardt
Jeder für sich und alle gegen alle
Zustand und Zukunft des Gemeinsinns
Band 4327
Unsere Gesellschaft – ein Verein raffgieriger Individualisten und aggressiver Egoisten? Ein Plädoyer gegen Politikverdrossenheit und Scheuklappen.

HERDER / SPEKTRUM

Martin Luther King
Mein Traum vom Ende des Hassens
Texte für heute
Band 4318
Die wesentlichen Texte Kings, die seinen hoffnungsvollen Traum begründen.

Albert Schweitzer
Wie wir überleben können
Eine Ethik für die Zukunft
Herausgegeben von Harald Schützeichel
Band 4264
Wir müssen umlernen: Nur wenn wir mit der Schöpfung verantwortungsvoll umgehen, werden wir überleben. Die zentralen Texte des Friedensnobelpreisträgers, aus denen seine Ehrfurcht vor dem Leben spricht.

Richard Schröder
Deutschland schwierig Vaterland
Für eine neue politische Kultur
Band 4160
„Für alle, die sich mit den Schwierigkeiten der deutschen Einheit und der Teilung sorgen, sollte das Buch Pflichtlektüre sein" (Der Spiegel).

Franz Xaver Kaufmann
Der Ruf nach Verantwortung
Risiken und Ethik in einer unüberschaubaren Welt
Band 4138
Wegweisende Lösungen für das Schlüsselproblem unserer Zeit.

Daniil Granin
Die verlorene Barmherzigkeit
Eine russische Erfahrung
Band 4043
Der große russische Dichter erzählt von der Not Rußlands und von seiner Initiative, dem „Werk der Barmherzigkeit".

Lesezeit

Saliha Scheinhardt
Liebe, meine Gier, die mich frißt
Erzählung
Band 4290
Eine gescheiterte Liebe treibt eine junge Frau in immer neue enttäuschende Beziehungen. Erst langsam erkennt sie ihre Abhängigkeit und wehrt sich.

Saliha Scheinhardt
Sie zerrissen die Nacht
Erzählung
Band 4232
Eine kurdische Familie auf der Flucht vor Hunger, Krieg und Unterdrückung. – Die authentische Geschichte der Odyssee einer jungen, starken Frau.

Saliha Scheinhardt
Und die Frauen weinten Blut
Erzählungen
Band 4188
Drei Frauenschicksale zwischen türkischen Slums und dem „gelobten Land" Deutschland. „Ein sensibles und eindringliches Buch" (Merkur).

Saliha Scheinhardt
Frauen, die sterben, ohne daß sie gelebt hätten
Erzählung
Band 4155
Inzwischen verfilmt: Eine verzweifelte junge Türkin in Deutschland tötet ihren Mann, gegen dessen Brutalität und sexuelle Gewalt sie sich nicht mehr zu wehren weiß.

Saliha Scheinhardt
Drei Zypressen
Erzählungen über türkische Frauen in Deutschland
Band 4080
Türkische Frauen zwischen zwei Kulturen. Ein herausforderndes und sehr politisches Stück Frauenliteratur über das Leben in der Fremde.

HERDER / SPEKTRUM

Sheikh Saadi
Gulistan – Der Rosengarten
Übertragen und hrsg. von Sayed Omar Ali-Shah
Band 4582
Der berühmteste Sufimeister des 13. Jahrhunderts führt den Leser zu einer feineren und schärferen Wahrnehmung der Wirklichkeit: unterhaltsam, humorvoll, lebensklug.

Kathleen Göpel (Hrsg.)
In dir liegt der verborgene Schatz
Türkische Derwischgeschichten
Vorwort von Omar Ali Shah
Band 4574
Ein Buch, das nicht nur Grenzen überbrückt. Es führt zum tieferen Verständnis des eigenen Ichs.

Kalila und Dimna oder die Kunst, Freunde zu gewinnen
Fabeln des Bidpai, erzählt von R. Wood – Vorwort von Doris Lessing
Illustrationen von Margaret Kilkenny
Band 4515
„Ich möchte den sehen, der dieses Buch in die Hand nimmt und nicht in einem Zug durchliest." (Doris Lessing)

Khalil Gibran
Hinter dem Schleier der Nacht
leuchtet das Licht
Hrsg. von Ursula Assaf-Nowak
Band 4495
Poesie und Leidenschaft, Gedankenklarheit und mystische Tiefe, eingehüllt in eine faszinierende Bildersprache.

Jaffa Eliach
Träume vom Überleben
Chassidische Geschichten aus dem 20. Jahrhundert
Band 4478
Die Überlebenden des Holocaust glauben unbeirrbar an das Gute im Menschen. Die erste größere Sammlung wahrer chassidischer Geschichten.

HERDER / SPEKTRUM

Idries Shah
Lebe das wirkliche Glück
Das große Lesebuch der Sufi-Weisheit
Band 4505
Die Kunst, glücklich zu sein – wunderbare, verblüffende Weisheitstexte.
Ausgezeichnet als UNESCO-Buch des Jahres.

Idries Shah
Das Geheimnis der Derwische
Sufigeschichten
Band 4377
Ein Leben lang auf der Suche nach der letzten Wahrheit. Die tiefsten und schönsten Erzählungen der geheimnisvollen Meister aus dem Orient.

Idries Shah
Die fabelhaften Heldentaten des vollendeten Narren und Meisters Mulla Nasrudin
Band 4164
Humorvolle und tiefgründige Geschichten, die den Leser in die bezaubernde Welt des Orients entführen.

Rafik Schami
Zeiten des Erzählens
Herausgegeben von Erich Jooß
Band 4259
Rafik Schami kann mit Worten zaubern. Wirklichkeit und Märchen, Vergangenheit und Gegenwart verwebt er zu einem farbenprächtigen orientalischen Erzählteppich.

Annemarie Schimmel
Die orientalische Katze
Mystik und Poesie des Orients
Band 4033
Die berühmte Orientalistin zeigt hier, wie die Poeten und Weisen des Ostens die Katze, dieses geheimnisvolle Tier, verstanden.

HERDER / SPEKTRUM